Arno Holz

Die Kunst, ihr Wesen und ihre Gesetze

Arno Holz

Die Kunst, ihr Wesen und ihre Gesetze

ISBN/EAN: 9783743631083

Hergestellt in Europa, USA, Kanada, Australien, Japan

Cover: Foto ©Thomas Meinert / pixelio.de

Weitere Bücher finden Sie auf **www.hansebooks.com**

ARNO HOLZ

DIE KUNST
IHR WESEN UND IHRE GESETZE

NEUE FOLGE

> *Kunst* ist in dem Buche gar nicht enthalten, *Wesen* wird viel gemacht, und *Gesetze*, welche die Veröffentlichung derartiger Bücher verbieten, könnten wir gebrauchen.
> „DEUTSCHE PRESSE"
> Organ
> des deutschen Schriftsteller-Verbandes.

BERLIN
Wilhelm Issleib (Gustav Schuhr)
1892.

Soeben ist ein Buch erschienen, welches sehr erfreulich dazu geeignet ist, aus dem Weichselzopf deutscher Pedantenschädel muffigen Staub herauszuschütteln.

Mit diesen Worten setzte die erste Kritik ein, die mir seiner Zeit über den ersten Theil dieser Schrift zuging. Sie war gezeichnet Otto Julius Bierbaum und trug unter ihrem Text in den bekannten, prächtigen Krähenzügen von der Hand ihres liebenswürdigen Absenders die Aufschrift:

München, 30. 11. 90.

Eben find ich's! Bravo, Bravo! Hurrah von hier bis nach Berlin.

Ihr Liliencron.

Das wunderbare Motto, das ich mir erlaubt habe, diesem zweiten Theile meines Büchleins als Titelblatt zu setzen, mag zur Genüge darthun, wie muffig jener herausgeschüttelte Staub in der That gewesen ist. Weitere Citate erlässt man mir wohl? Sie stünden sonst zu Gebote. Es war, mit einem Wort, als ob man sich zusammengethan hätte, die ganze Mittelmässigkeit, Ein Mann, enthusiastisch verbrüdert, um mir eine Katzenmusik zu bringen. Ich hörte sie mir an, aus dem Fenster gelehnt und die Cigarre nicht aus den Zähnen, und amüsirte mich. Denn so fin-de-sièclehaft das freilich auch sein mag: aber ich bin nicht naiv genug, um nicht zu wissen, zu welch spätern Aequivalenten dergleichen Ovationen in dieser schlecht gezimmerten Welt nun einmal die ersten, unvermeidlichen Etappen zu sein pflegen. . . .

Nur Eins hätte mich, offen gestanden, ab und zu beinahe shockirt. Nämlich, dass die meisten dieser musikalischen Herren es in ihrem Geschmack gefunden hatten, anonym auf ihren Instrumenten zu spielen. Ich fand das, brüsk herausgesagt, etwas plebejisch.

Aber schliesslich, nach längerem Nachdenken, allmählig, kam ich doch dahinter. Und ich sehe mich nun genöthigt, die Betreffenden um Verzeihung zu bitten. Es ist in der That entschieden ein Vorurtheil, unter die Gottesgaben, die man ehren muss, nur die Dummheit allein zu zählen. Auch die Feigheit und die Perfidie existiren.

„Nach diesem ahnungsvollen Vermerke,
Fahren wir fort im löblichen Werke."

Nämlich, ich gebe mich der angenehmen Hoffnung hin, dass man mir in Anbetracht des ledernen Themas, das ich tractire, ein gewisses, kleines Lächeln hie und da nicht allzusehr verübeln wird.

Der Zweck dieses zweiten Theils ist folgender:

Den zwei oder drei Lesern des ersten und zwar, wie ich hier gleich ausdrücklich bemerken möchte, von diesen wieder nur denjenigen, die nachsichtig genug waren, seine traurigen Verirrungen nicht gleich und ganz ad acta zu legen, die betrübende Mittheilung zu machen, dass ich nicht allein lächerlich hartnäckig genug bin, auf meiner bedauerlichen Ueberzeugung zu verharren, sondern obendrein auch noch den Glauben hege, dass alle Bemühungen, diese Ueberzeugung als aus einer nichtigen Einbildung resultirend hinzustellen, ungefähr von demselben Erfolge begleitet gewesen sind, wie die bekannten Versuche im Märchen, mit gläsernen Aexten Granitblöcke zu zertrümmern.

Indessen begreife ich vollkommen, dass diese Versicherung allein noch nicht genügt. Dass man vielmehr das Ansinnen an mich stellen darf, auch die Fundamente dieses Glaubens bloszulegen. Und in der That ist dieses im Folgenden meine Absicht.

„Die Ochsen zittern schon lange nicht mehr, so neue Wahrheiten gefunden werden. Wissen sie doch, dass nicht sie, sondern nur die Finder geopfert werden."

So zu lesen, säuberlich aufnotirt, im Tagebuche des weiland Jeremiä Sauerampfer.

Freilich gehören zu einem derartigen Experiment immer zwei Parteien. Die eine, die opfert, und die andere, die sich opfern lässt. Und es fügt das Missgeschick, dass namentlich diese zweite mitunter ganz unparlamentarisch widerborstig ist. Und dann gelingt die heilige Handlung für gewöhnlich vorbei. Nichtsdestoweniger aber bleibt es doch Thatsache, dass der liebenswürdige Versuch bei jeder neuen Gelegenheit immer wieder von Neuem unternommen wird. Die Methoden, die dabei in Anwendung kommen, sind naturgemäss fast so alt wie die Wissenschaft selbst; und es ist sicher ein Verdienst gewesen, dass Paul v. Gizycki sie kürzlich unter dem Titel „Der Kampf gegen neue Ideen" übersichtlich gruppirt hat. Ich kann mir das Vergnügen, den prächtigen, kleinen Eingang hier zu citiren, nicht versagen:

„Zahlreich wie die Ursachen der Antipathie gegen neue Ideen, sind auch die Arten der Verfolgung, die Waffen und Kriegslisten, mit deren Hülfe man sie zu allen Zeiten bekämpft hat. Die Gegner haben sich in diesem Kampfe nur selten auf die Anwendung der im regulären Kriege, der wissenschaftlichen Diskussion unter anständigen Leuten üblichen Argumente beschränkt und den Gegner nur zu oft mit den vergifteten Pfeilen der Entstellung seiner Gedanken, der Verdächtigung seiner Absichten, der Verleumdung seines Charakters beschossen."

Und um gutmüthigen Menschen sich vollends die Haare zu Berge sträuben zu lassen, hat der Verfasser Eile, sofort noch hinzuzusetzen, dass der Stoff zu mannigfaltig sei, seine Reichhaltigkeit zu ungeheuer, als dass er hoffen dürfte, ihn auch nur annähernd zu bewältigen.

Sodann fährt er fort:

„Neue Ideen in der Wissenschaft haben für den Fortschritt des Menschengeschlechts denselben, ja zuweilen sicherlich höheren Werth, als praktische, industrielle Erfindungen; aber während diese letzteren durch die öffentliche Meinung und das materielle Interesse Einzelner gewöhnlich die wirksamste Unterstützung und Ermuthigung finden, müssen neue wissenschaftliche Theorien, falls sie sich nicht etwa sofort, durch ihren praktischen Nutzen, vor dem Publikum legitimiren können, meistens lange Zeit vergebens nach Anerkennung und oft selbst nach Duldung ringen. Eine äussere Ursache dieser Erscheinung dürfte schon in dem Umstande zu suchen sein, dass sich neue wissenschaftliche Ideen gewöhnlich nicht unmittelbar an einen breiteren, unbefangenen Kreis von Beurtheilern wenden können, sondern, ehe sie dieses gerechtere Forum gewinnen, zuerst die Schranke einer fachwissenschaftlichen Kritik durchbrechen müssen. Der Fachmann aber, d. h. in der Mehrzahl der Fälle der gelehrte Arbeiter, der durch die Ausübung und die Verwerthung der erlernten Wissenschaft sein Brot verdient, ist gerade auf seinem Gebiet selten unbefangen genug, um neuen, sein Fach revolutionirenden Ideen schnell und bereitwillig eine Gasse zu bahnen. Neue Wahrheiten haben für ihn mindestens die eine absehbare Folge, dass sie die alten Wahrheiten, die er sich angeeignet hat, die ihm seinen Unterhalt und einen gewissen Grad von Anerkennung unter den Menschen sicherten, in Frage stellen, seinen Besitz zu entwerthen drohen. Er ist zu sehr Partei, um gerechter Richter sein zu können. Die neue Wahrheit stellt ihn vor die, seinem Charakter äusserst gefährliche Alternative: auf seine alten Tage noch umzulernen, zu bekennen, dass er und seine Kollegen geirrt haben, oder dem unliebsamen Konkurrenten mit allen Mitteln einer erbitterten Polemik den Krieg zu erklären."

Doch kann der betreffende unliebsame Eindringling jedes Mal noch von Glück sagen, falls es ihm gelingt, diese Polemik überhaupt zu entfesseln. Für gewöhnlich genirt sich der angesessene Gegner nicht, vorher noch eine ganz andere Taktik gegen ihn auszuspielen: die Taktik des Todtschweigens Die gefährlichste und gehässigste, die es überhaupt giebt gegen neue Ideen.

„Alle übrigen Arten der literarischen Kriegführung," sagt Paul v. Gizycki, „bieten dem Angegriffenen Gelegenheit, dem Gegner in mehr oder minder gleichem Kampfe offen gegenüber zu treten; das System des Ignorirens gleicht der Einschliessung des Feindes durch Belagerung, bis ihn der Hunger zur Uebergabe des Postens und schmählicher Unterwerfung zwingt."

„Diese Taktik," fährt er dann weiter fort, „ist fast nur dort in weiterem Umfange möglich und wirksam, wo sich das gelehrte Cliquenwesen einigermassen entwickelt hat. Die gelehrte Clique ist eine auf Gegenseitigkeit beruhende Gesellschaft von wissenschaftlichen Handwerkern, welche den Zweck verfolgen, neben äusseren Emolumenten und Stellungen einander auch ein gewisses Maass von literarischem und wissenschaftlichem Ruhme zu garantiren, ein Kartell mit der Tendenz, die intellectuellen Anlagen aller Mitglieder in möglichst vortheilhafter Weise auszubeuten und der schädlichen Konkurrenz und „ungesunden Preisdrückerei", welche ihren Producten auf dem wissenschaftlichen Markte durch aussenstehende, selbständige Denker droht, in wirksamer Weise zu begegnen. Die Mittel, um dieses Ziel zu erreichen, sind überschwängliches Lob und Anerkennung selbst für die mittelmässigsten Leistungen der Zunftgenossenschaft, Schweigen oder Verurtheilung für Alles, was die gemeinsamen Interessen beeinträchtigen könnte."

Wenn ich die Zeitungsausschnitte, die mir über den ersten Theil dieses Buches zugegangen sind, einer Durchsicht unterziehe, so habe ich das Vergnügen, konstatiren zu dürfen, dass man diese feigste aller Taktiken gegen mich in Anwendung zu bringen, hinlänglich versucht hat. Nicht allein, dass die eigentlichen Fachblätter ausnahmslos das Buch mit schonendstem Stillschweigen übergangen haben, auch von den Artikeln der übrigen Blätter stammt kein einziger von sogenannt berufener Seite. Sie sind entweder überhaupt nicht gezeichnet — zwei Drittel!! genau! — oder tragen die Namen von Unbekannten resp. literarischen Tagelöhnern. Die Herren Erich Schmidt & Co., um nur eine Firma zu nennen, deren ehrenvolle Obliegenheit es, weiss Gott, doch gewesen wäre, dieser unerhörten, respectwidrigen Ansudlung ihres Allerheiligsten die gebührende Züchtigung angedeihen zu lassen, haben es für das Opportunste gehalten, sich wie die bekannten, kleinen Käfer diplomatisch auf ihre pp. verehrlichen Rücken zu legen. So indiskret ich sie auch anpurrte, sie rührten sich nicht. Sie waren todt. Mausetodt. Mein Compliment! Nur fällt mir dabei unwillkürlich das alte, schöne Wort von Ludwig Richter ein. Der Mann war, glaube ich, 70 Jahre alt und schrieb es in ein Autographenwerk:

„Halb blind, halb taub, aber in Gott zufrieden!"
Wie es scheint, seitdem der Wahrspruch unserer
„Wissenschaft vom Schönen" . . . .

Vergeblich suche ich das mir zur Verfügung stehende Material in zwei grosse Gruppen zu sondern. Es gelingt mir nicht. Lobend oder tadelnd — alles ist über denselben Kamm geschoren! Für seine Behauptungen Beweise beizubringen, scheint keinem der vielen Herren auch nur entfernt in den Sinn gekommen zu sein. Ich wähle als Beispiel die „Vossische Zeitung". Sie citirt den Satz, „um dessenwillen ich mein Buch geschrieben," und fährt dann fort: „Das Gegentheil ist richtig. Die Kunst hat die Tendenz, nicht die Natur zu sein; sie beansprucht hier, über sie hinauszugehen, sie bescheidet sich dort, hinter ihr zurückzubleiben, aber nie will sie mit ihr zusammenfallen." Und damit basta! Das ist Alles! Es liegt auf der Hand, dass sich gegen eine derartige Methode, seinen Gegner zu überführen, nicht recht ankämpfen lässt. Auch wird, meine ich, die Sachlage nicht wesentlich gebessert, wenn der betreffende Kritiker versucht, seine mangelnden Gründe durch

Grobheit zu ersetzen. Ich wähle als Beispiel die „Deutsche Romanzeitung". „Wenn das Buch ein Witz sein soll, dann ist es ein schlechter; wenn Ernst, dann giebt es in der Sprache der Höflichkeit keine Worte, die genügend scharf dieses Machwerk kennzeichnen. In beiden Fällen ist es schade um das schöne Papier." Das ist die ganze „Kritik". Mehr überzeugt, als überzeugend! Oder sollte ich mich irren? Sollte wieder Herr Paul v. Gizycki Recht haben? „Wenn auch der ganze Ton dieses Erlasses nichts als Geringschätzung athmet, so zeigt uns die Ueberstürzung in dem Vorgehen gegen die Person des rebellischen Repetenten nur allzu deutlich die Beängstigung der gelehrten Herren"? Ich vermuthe, Herr Otto von Leixner — die betreffende „Kritik" beliebte nämlich wieder anonym zu sein! — ist in der angenehmen Lage, mir hierüber hinreichend Auskunft geben zu können. Wenigstens schliesse ich das aus dem letzten Passus mit dem „schönen Papier". Herr Otto von Leixner scheint es nämlich prinzipiell verwerflich zu finden, dass dergleichen kostspielige Sachen für uns aufgewandt werden. Seine Kritik über den armen „Papa Hamlet" schloss seiner Zeit fast genau so: „Ausgestattet ist das Buch glänzend. — Man weiss nicht wozu". Schlimm genug! Ich würde mich gezwungen sehn, das ganze niedliche Päckchen achselzuckend in den Papierkorb zu werfen und so den Prozess als einstweilen erledigt zu betrachten, weil der Angeklagte es vorgezogen, sich zu drücken, wenn nicht zum Glück eine dieser vielen „Kritiken" eine rühmliche Ausnahme bildete. Sie findet sich in der „Beilage zur Allgemeinen Zeitung" und ihr Herr Verfasser nennt sich Carl Erdmann.

Ich bin seinem Namen unter unsern Aesthetikern noch nicht begegnet. Aber ich freue mich, in ihm einen Gegner zu finden, der wenigstens gewisse Formen respectirt. Er ist ein Mann von Welt und behauptet nicht, um sich bei seinen Lesern beliebt zu machen, dass ich nach Fusel rieche. Auch scheint er es nicht für besonders geschmackvoll zu halten, mich zwischen seinen Zeilen missbilligend fühlen zu lassen, wie bedauerlich wenig meine Haarfarbe zur Zeit noch der eines Esels gleicht.

Im Gegentheil: Er hält für diese Schwäche unverkennbar etwas wie Nachsicht bereit und behandelt mich hie und da sogar mit einem gewissen Wohlwollen. Freilich! Er sieht mich nicht ganz für voll an. Er kann ein kleines Mitleid mit mir ab und zu nicht unterdrücken. Aber das macht seinem Herzen am Ende nur Ehre, und es wäre mehr als verfehlt von mir, wenn ich ihm deswegen zürnen wollte. Kein Mensch kann über seine Nasenspitze weg. Indessen, um so mehr ist es vielleicht mir gestattet, dass ich ihn für voll ansehe? Das erleichtert mir nämlich meine Position ungemein. Das lässt auf Augenblicke die Illusion in mir aufkommen, als stünde mir in ihm die ganze alte Aesthetik gegenüber. Und — warum, frage ich, schliesslich, in aller Welt auch nicht? Ist es nöthig, dass ich Newton heisse, um das Einmaleins zu können?

Man wird mir also schon, wohl oder übel, gestatten müssen, dass ich mir einbilde, ich hätte die ganze alte Aesthetik widerlegt, wenn es mir gelingt, Herrn Carl Erdmann zu widerlegen. Wer mehr über das Thema weiss, kann ja dann immer noch die Hand hoch heben . . .

Ich wiederhole: Es handelt sich nicht für mich darum, dass ich meinen Kopf durchsetze, sondern, dass eine Wahrheit ermittelt wird. Nichts weiter.

Herr Carl Erdmann hat seinem Aufsatze den Titel gegeben: „Der consequenteste Realismus und seine Absurditäten". Wie ich vermuthe, wohl in Anlehnung an die bekannte Widmung Gerhart Hauptmanns*) „Bjarne P. Holmsen, dem consequentesten Realisten, Verfasser von Papa Hamlet" u. s. w. u. s. w. Nun, mir kann's recht sein. So, oder so. Jedes Ding muss seinen Namen haben. Und es wäre wirklich zu wunderbar, wenn jene Richtung, die, wie die Thatsachen nun einmal ergeben haben, durch das fragliche Buch hervorgerufen wurde, diesem Schicksale bisher entgangen wäre. Man nenne sie daher, wie man Lust hat. Uns, d. h. meinem Freunde Johannes Schlaf und mir, die wir jenes Buch geschrieben haben, ist das ziemlich gleichgültig. Uns war die Geburt damals wichtiger, als uns heute die Taufe ist.

---

*) „Vor Sonnenaufgang".

Jedenfalls, die betreffende Richtung existirt und das genügt! —

Ich hoffe, Herr Carl Erdmann wird mir Dank wissen, wenn ich seine Arbeit nicht zerpflücke und nur diejenigen Theile unter meine Lupe nehme, von denen ich mir für meine Zwecke besondere Vortheile verspreche. Das Publikum, meine ich, hätte dann keine rechte Controlle und wir würden mit ungleichen Waffen kämpfen. Ich werde daher seinen Aufsatz nach und nach hier vollständig zum Abdruck bringen. Stück für Stück, jedes seiner Reihe nach und ohne jede Eskamotage. Ich beabsichtige nicht, meinen Gegner zu überschreien. Lungen sind keine Beweise. Ich wünsche vielmehr, dass man seine Stimme nicht minder deutlich hört, als meine eigne.

Herr Carl Erdmann beginnt:

„Arno Holz, der Mitverfasser des „Papa Hamlet" und der „Familie Selicke", hat ein theoretisches Werk herausgegeben, welches keinen geringeren Titel führt, als: „Die Kunst. Ihr Wesen und ihre Gesetze." (Berlin 1891. Wilhelm Issleib.) Das Buch verdient Beachtung, weil die darin ausgesprochenen Ideen nicht nur für die ästhetischen Theorien, sondern vor allem auch für die poetische Production jener angeblich consequentesten Realisten massgebend gewesen sind, denen es — man mag von ihren Leistungen denken, was man will — auf alle Fälle gelungen ist, ein nicht unbeträchtliches, literarisches Aufsehen zu erregen."

Dagegen lässt sich nichts einwenden. Die Thatsachen scheinen mir zu stimmen. Wenigstens soweit ich sie kontrolliren kann. Bitte, weiter!

„Von wissenschaftlichem Standpunkte aus freilich kann das Werk einer ernsthaften Besprechung nicht unterzogen werden. Die darin befolgte Methode der Untersuchung — eine ganz eigenartige Induction — ist von einer geradezu rührenden Kindlichkeit."

Ich hoffe, der Verfasser wird billig genug sein, mir in dem weitern Verlaufe seiner Arbeit den Beweis für seinen letzten Passus nicht schuldig zu bleiben. Vor der Hand vermag ich nichts weiter in ihm zu sehn, als eine völlig werthlose Behauptung. Ueber den ersten Passus sprechen wir dann noch.

„Die positivistischen Grundsätze und Schlagworte, deren sich der Verfasser bedient, sind von ihm — milde gesagt — nur halb verstanden."

Ich sehe mich gezwungen, sofort wieder derselben Hoffnung Raum zu geben. Und ich bin in der That neugierig, ob und wie Herr Carl Erdmann ihr nachkommen wird. Auf jeden Fall aber werde ich mir erlauben, bei Gelegenheit den Spiess umzudrehen und Herrn Carl Erdmann nachweisen, dass er freilich es vorgezogen, mit meinen Grundsätzen und Schlagworten gleich gründlicher zu verfahren. Er hat sie nicht etwa blos halb, bewahre, er hat sie sogar ganz missverstanden!

„Und die „ridiculus mus", welche als wissenschaftliches Endergebniss zu Tage gefördert wird, erregt um so grössere Heiterkeit, als der Verfasser allen Ernstes mit der Prätension auftritt, die wissenschaftliche Aesthetik reformirt, beziehungsweise überhaupt erst begründet zu haben."

Ganz recht! Mit dieser Prätension tritt er auf. Das mag freilich unerhört sein, seinetwegen sogar roh, brutal, oder wie man sonst will, aber er thut es! Und das sich so nennende „Zwanzigste Jahrhundert" hat sich darauf hin sofort bemüssigt gefühlt, zu erklären: „Da es leider kein gesetzliches Mittel giebt, das Schreiben derartiger „Werke" zu verbieten, so erscheint es fast als unerlässlich, einen Befähigungsnachweis für Verleger und solche, die es werden wollen, einzuführen; es wäre dies ein Weg der Nothwehr, um die Menschheit vor ähnlichen unerlaubten Attentaten zu schützen, wie ein solches von dem Schriftsteller Arno Holz mit Unterstützung seines Verlegers durch die Veröffentlichung des Buches über die Kunst auf den gesunden Menschenverstand verübt worden ist". Das ist doch noch wenigstens ein Vorschlag! Ich halte es für meine Pflicht, ihn für interessirte Gemüther hier tiefer zu hängen. Herr Carl Erdmann kann mir angesichts dieser wilden, durch nichts gezügelten Energie ordentlich leid thun. Er huldigt augenscheinlich noch der altväterischen Gewohnheit, nur seine Feder und nicht zugleich auch seine Finger ins Tintfass zu stippen, und schreibt:

„Trotzdem wiederhole ich: Auch ist

lesenswerth, weil eine bestimmte Anschauungsweise ihren naiv unzweideutigen und consequentesten Ausdruck gefunden hat."

Ein Riechfläschchen neben einem Ballon Schwefelwasserstoff.

„Auch rein als „document humain" aufgefasst, ist das Werkchen recht anziehend zu lesen. Nicht sowohl das, was gesagt wird, als vielmehr, wie es gesagt wird, und der Verfasser selbst erregt unsere Theilnahme. Und selbst da, wo er gar zu unbedachtsam in's Blaue hinein mit wissenschaftlichen Worten um sich wirft, oder wo seine unbegründete Selbstschätzung und hochgradige Ueberhebung allzu deutlichen Ausdruck findet, kann man ihm eine gewisse Liebenswürdigkeit nicht absprechen."

Ich erröthe! Denn auf einen Augenblick ganz nebenbei und unter uns gesagt: dass man sich gedrungen gefühlt hat, mich möglichst als eine Art Kretin hinzustellen und seinem Publikum weiss zu machen, ich „wälze einen Wust unverdauter Lectüre dort, wo bei einem normalen Menschen das Gehirn sitzt", begreife ich. Ich kann das den armen

Leuten vollständig nachfühlen. Aber dass man es zugleich auch für nothwendig befunden, mir schulmeisterlich auf die Finger zu klopfen und mich einen „Menschen" zu nennen, „der den Stil eines mittelmässigen Tertianers schreibt", während man von anderer Seite grossherzig genug war, mir wenigstens den eines Primaners zuzugestehn, fand und finde ich denn doch ein ganz kleinwenig — haarsträubend! Man sieht, ich bin nicht unverwundbar gewesen...

„Wer freilich durch den stolzen Titel verführt, eine systematische Aesthetik erwartet, könnte arg enttäuscht werden."

Eine systematische Aesthetik! Mich überläuft's! Ich begreife nicht, wie man es über sich gewinnen kann, eine derartige Reihenfolge von Buchstaben auch nur aufs Papier zu bringen! Und einem derartigen Monstrum zur Welt verholfen zu haben, ernsthaft und rechtschaffen, wie man Kuchen backt, soll ich durch sträflichen Leichtsinn thatsächlich den gegründeten Verdacht gegeben haben? Ich fange wirklich nachgerade an, mich selbst zu bedauern. Und, wie mir scheint, was das Schlimmste ist, sogar mit Recht! Der Titel ist in der That so. Wie ich ihn mir jetzt ansehe, kommt er mir ordentlich vor wie aus Rindsleder geschnitten. Er ist einfach scheusslich! Die erste Zeile hätte vollauf genügt; die zweite ist mehr als überflüssig. Ich bereue sie.

„Das Buch enthält überhaupt nichts Systematisches."

Nein! Und soll's ja auch garnicht! Ich wiederhole: ich kann es nur bedauern, wenn dergleichen Teufeleien an die Wand gemalt schienen. Und ich füge hinzu: Herrn Carl Erdmann dies Zugeständniss zu machen, fällt mir um so leichter, als ich in seinem Interesse fürchte, es wird ziemlich isolirt bleiben.

„Wir erhalten eigentlich nur eine einzige Formel, allerdings — wie der Verfasser meint — ein funkelnagelneues ästhetisches Grundgesetz."

Und ein solches würde, wie Herr Carl Erdmann mir wahrscheinlich ohne Weiteres zugeben wird, denn auch vollauf genügen, um nicht etwa blos einen, sondern zehn solcher Bände zu füllen. Fragt sich also nur noch, ob es in der That so funkelnagelneu und grundgesetzlich ist, wie es sein ehrlicher Finder arroganter Weise ausposaunt. Und ich denke, diese Frage soll noch erst entschieden werden? Warten wir also einstweilen hübsch ab! Wer von uns beiden zuletzt lacht, wird sich ja dann schon ergeben.

„Und da eine neue Auffassung nur durch ihre geschichtliche Entwicklung gehörig verstanden werden kann, so giebt uns Holz einen Abriss seines ästhetischen Entwicklungsganges. Statt einer abstracten Gelehrsamkeit eine anschauliche biographische Skizze, noch dazu eine Skizze, welche uns in der denkbar gemüthlichsten Weise entgegentritt. Der Verfasser liebt es, sich „im Schlafrock und mit langer Pfeife zu präsentiren", und diesem Kostüm entspricht denn auch das überaus saloppe Studentendeutsch, das er wahrscheinlich für besonders „realistisch" hält. „Ex sein", „mit nassem Lehm beschmeissen", „nach Chic riechen", „in fünf Bierminuten", und von solchen anmuthigen, burschikosen Redewendungen „wimmelt es nur so". Dazwischen sind als Documente recht nette Gedichte eingestreut und allerhand kleine, zum Theil schon veröffentlichte Abhandlungen."

Ich will mich nicht alle Augenblicke unnütz aufhalten. Ich gehe daher, was ich von jetzt ab auch in der Folge zu thun beabsichtige, über verschiedene nebensächliche Kleinigkeiten hinweg. Ob z. B. das Wörtchen „realistisch" intimer von Herrn Carl Erdmann, oder von mir verstanden wird, ist am Ende ziemlich gleichgültig. Ueber gewisse Dinge halte ich es für überflüssig zu streiten. Nur möchte ich es denn doch nicht verabsäumen, hier meiner entschiedensten Genugthuung Ausdruck zu geben, dass Herr Carl Erdmann so liebenswürdig war, die Gedichte, die ich meinem Büchlein „als Documente einstreute", wenigstens „recht nett" zu finden. Gott sei Dank! Eine $10^1/_2$ Seiten lange Bescheidenheit in den „Grenzboten", die offenbar angenommen, dass ihr Name nichts zur Sache thut, hatte mir schon ganz Angst und bange gemacht. Sie hatte ihre Druckerschwärze auf das Papier tapfer wie folgt vertheilen lassen: „Herr Holz beginnt damit festzustellen, dass ihm jede dichterische Begabung mangele: seine Verse sind, wie die Proben ergeben, nicht gehauen und nicht gestochen". Alle Hagel! Das mag freilich so salopp und studentendeutsch sein, wie nur irgend möglich, aber ich bedaure, ich kann mir nicht anders helfen: Alle Hagel!

„Arno Holz war in seiner ersten Jugend lyrischer Dichter, er schwelgte in Rythmus und Reim. „Die Sonne schien ihm Lieder ins Herz und der Regen tropfte ihm Melodien ins Ohr". Mit leichter Ironie und ein wenig Wehmuth, aber von der hohen Warte einer nunmehr völlig ausgereiften Weisheit erzählt er uns heute von seiner lyrischen Periode und seinen ersten Werken. Er schildert uns seine Erwartungen, seine Enttäuschungen, seine Zerrissenheit, seine Skepsis. Dann, wie er eines Tages dazu gekommen, nach dem „Warum" seines ästhetischen Empfindens zu fragen, und wie er dann nicht mehr davon losgekommen, zu theoretisiren und nach den Gesetzen der Kunst zu forschen. Wir erfahren, dass er sich erst vergeblich bei den „alten Herren" Aristoteles, Winkelmann und Lessing Rath erholt, dass er auch von Taine enttäuscht worden, selbst bei Zola das alte methaphysische Stroh gefunden habe und nur von Mill, Comte, Spencer und den modernen Naturwissenschaftlern einigermassen befriedigt worden sei. Endlich habe er sich zur Klarheit durchgerungen; das schon früher geahnte und dunkel gefühlte Gesetz der Kunst, welches gleichzeitig aller Kunstentwicklung und jedem einzelnen Kunstwerke zu Grunde liegen soll, krystallisirte sich immer deutlicher in seinem Bewusstsein, bis es ihm endlich gelang, dasselbe durch eine Art Induction abzuleiten und zu begründen und eine zwar noch nicht endgültige, aber vorläufig doch ausreichende Formulirung zu finden."

Das Alles hier ist zwar ebenfalls von der hohen Warte einer, wenn freilich auch andern, so doch, wie es scheint, nicht minder ausgereiften Weisheit erzählt, aber ich denke, ich lasse es mir gefallen. Spass muss sein. Im Nothfall, wenn es nicht anders geht, sogar auf meine Kosten. Genirt mich nicht. Bei Gelegenheit revanchire ich mich.

„Von einer primitiven Knabenzeichnung ausgehend, war Holz zu dem Satz gelangt: „Kunstwerk gleich Stück Natur minus x". Das war freilich nichts Neues. Schon Zola hatte gesagt: Une oeuvre d'art est un coin de la nature vu à travers un tempérament. Er war — wie Holz sagt — „so draufzutäppisch, das verschmitzte Löchelchen x gleich ganz mit seinem dummen, klobigen „Temperament" zustopfen zu wollen, wodurch sich dann natürlich Alles sofort wieder in den schönsten Unsinn verkringelte und der alte Blödsinn wieder in vollster Blüthe blühte." Nein! Auch Zola hat das Grundproblem aller Aesthetik nicht gelöst. Jenes x, durch welches sich Kunst und Natur unterscheidet, blieb nach wie vor unbekannt, bis Arno Holz als Retter in der Noth erschien."

Bitte! Und nun: aufgepasst!

„Wie alle bahnbrechenden Philosophen, erkannte er den Fehler schon in der Fragestellung."

Sehr richtig! Ausserordentlich richtig, Herr Carl Erdmann! Sie haben damit meiner innersten Ueberzeugung nur Worte geliehen!

„Nicht jenen Unterschied x wissenschaftlich festzustellen, wie man bisher irrig versucht, sei Aufgabe der Aesthetik, das involvire eine unmögliche Forderung, weil dieser Unterschied eine im Verlaufe der Culturentwicklung veränderliche, stetig abnehmende Grösse sei."

Wieder wunderschön! Ich bin wirklich verblüfft, wie vollkommen Herr Carl Erdmann mich verstanden hat! Ich selber würde, vorausgesetzt, ich suchte für meine Ideen nach Umschreibungen, in Verlegenheit gerathen, etwas Verständigeres aufs Papier zu bringen. Es sei denn, dass ich es schliesslich doch vorzöge, die betreffende Grösse nicht, wie Herr Carl Erdmann es thut, gleich fest und plump draufzu eine „stetig abnehmende" zu nennen. Eine „veränderliche" genügt fürs Erste und Roheste vollkommen. „Abnehmend" und nun gar „stetig" abnehmend ist sie nur auf verhältnissmässig ganz ausserordentliche Zeiträume. Indessen, trotzdem: er hat den Nagel doch ziemlich auf den Kopf getroffen. Meine Freude!

„Dass überhaupt noch eine Lücke zwischen Kunst und Natur klaffe, dass ein Kunstwerk nicht aus einer völlig exakten Reproduktion der Natur bestände, hätte seinen Grund lediglich in den Produktionsbedingungen und ihrer vorläufig noch unvollkommenen Handhabung."

Um Gottes Willen! Halten Sie ein, Herr Carl Erdmann! Sie machen mich unglücklich! Was Sie eben mit dem letzten Satz vorzüglich gemacht, machen Sie ja mit diesem wieder miserabel! Sie schreiben: „Dass überhaupt noch eine Lücke zwischen Kunst und Natur klafft,"... Ueberhaupt noch? Ich bin ganz erschrocken! Wird sie denn nicht immer klaffen? Wenigstens so lange zwei mal zwei vier ist? I bewahre, antworten Sie, nicht im mindesten! Wie sollte sie!? Dass diese Lücke heute, in unserer unfertigen Welt noch klafft, hat seinen Grund lediglich in den Reproduktionsbedingungen und ihrer vorläufig noch unvollkommenen Handhabung! Mit andern Worten: Nachläufig wird eine vollkommenere möglich sein, ja, ziehen wir sofort die letzte Consequenz und sagen wir, eine total vollkommne und damit die betreffende Lücke, und zwar bis auf ihr letztes Ritzchen, glücklich zugestopft. Herrgott, wie kann man nur! Ich flehe Sie an bei Allem, was Ihnen Aristoteles ist: wo und wann habe ich mich unterstanden, derartiges Blech zu walzen? Nirgends, Herr Carl Erdmann, nirgends! Ich versichere Sie! Das unerhört Kühne dieser Hypothese entblüht einzig und allein Ihrer Phantasie. Und so peinlich mir das auch ist, aber ich bin Ihnen diese Ehrenerklärung schuldig: Sie haben mich überschätzt! Nicht allein, dass ich in meinem Büchlein Ihres idealen Hochfluges total ermangelte, ich war Ihrer, in meiner staubtrocknen Erbärmlichkeit sogar bis zu dem Grade unwürdig, dass ich ausdrücklich erklärte, so herzlich überflüssig ich freilich damals, im Stillen, diese Erklärung auch hielt: die betreffende Lücke wird sich niemals schliessen! Niemals! Das strittige x wird sich niemals auf Null reduziren! Niemals! Und wenn die Entwicklung auch noch Jahrbillionen fortgeht und wir alle Erzengel werden! Sie, Herr Carl Erdmann, und ich inclusive! Bitte, schlagen Sie nach, damit Sie sich überführen! Seite 116! Da steht's, gross und in schönen, deutlich lesbaren Lettern: „Ich kann unmöglich aus einem Wassertropfen eine Billardkugel formen". Das ist die ganze Weisheit! Mir scheint's, sie ist einfach genug. „Aus einem Stückchen Thon", heisst's dann weiter, „wird mir das schon eher gelingen;

aus einem Block Elfenbein vermag ich's vollends." Nur steht dieser Block Elfenbein uns Künstlern leider nie zu Gebote. Wir müssen froh sein, schon wenn es uns gelingt, ein Stückchen Thon aufzugreifen. Meist ist's, womit wir operiren, noch nicht einmal ein erbärmlicher Wassertropfen. Ich darf vielleicht überzeugt sein, dass Sie dieses Gleichniss nicht ganz unverständlich finden? Damit Sie dieses aber eventuell nicht doch vorziehen, ich darf wohl sagen zum zweiten Mal, will ich mir lieber gleich die Mühe machen und es Ihnen hier übersetzen. Es sagt: Eine völlig exacte Reproduction der Natur durch die Kunst ist ein Ding der absolutesten Unmöglichkeit und zwar — von allem Andern abgesehn — schon aus dem ganz einfachen und, wie man wirklich meinen sollte, bereits für jedes Kind plausiblen Grunde, weil das betreffende Reproductionsmaterial, das uns Menschen zur Verfügung steht, stets unzulänglich war, stets unzulänglich ist und stets unzulänglich bleiben wird. Das und nichts Andres! Und nun kommen Sie, werfen mir Mangel an „Wissenschaftlichkeit" vor und behaupten, ich faselte von einer Zeit, in der es ebenso wenig möglich sein wird, einen künstlichen Baum von einem natürlichen zu unterscheiden, wie heute etwa zwei Stearinkerzen von einander, oder zwei polnische Juden! Entschuldigen Sie, Herr Carl Erdmann, aber das ist bodenlos!

„Also nicht in der nähern Bestimmung, sondern in der nothwendigen Abnahme, in dem allmähligen Verschwinden jenes x müsse das Grundgesetz der Aesthetik gefunden werden."

Wieder dieselbe Geschichte! dasselbe Missverständniss! Aber ich leugne ganz entschieden, dass ein Missverständniss aufhört, ein solches zu sein, indem es wiederholt wird. Im Gegentheil! Es beschleunigt damit nur seinen natürlichen Auflösungsprozess. Herr Carl Erdmann beweist mit diesem, seinem zweiten Satze bereits, dass es ihm nicht nur unmöglich ist, meine Worte auf ihren wahren Gehalt zu prüfen, sondern sogar seine eigenen. Und ich muss gestehn, das ist mehr, als ich erwartet hatte. Er sagt und glaubt damit meine Meinung auszudrücken: „Nicht in der nähern Bestimmung jenes x muss das Grund gesetz der Aesthetik gefunden werden, sondern in seinem **nothwendigen Abnehmen.**" Und er beeilt sich hinzuzusetzen, um dieses letzte Wort noch zu verdeutlichen, in seinem „**allmähligen Verschwinden.**" Nun bitte ich! Wie in aller Welt ist es möglich, dass ein Mensch, der behauptet, auf dem „Standpunkt der Wissenschaft" zu stehn, diese beiden Vorstellungen in einem Athem nennt, ja, sie offenbar geradezu identifizirt? Mir ist das einfach räthselhaft!

„Und mit dieser Erkenntniss" . . .

Halt! Und mit dieser **Erkenntniss?!** Herr Carl Erdmann wirft wirklich manchmal mit seinen Worten umher, als ob es Dukaten wären. Und bückt man sich, dann sind's lauter alte Knöpfe. Mit **dieser Erkenntniss!** Ich schüttle mich, wenn ich an sie denke.

. . . . „war eigentlich das Problem schon gelöst und das Gesetz selbst gefunden: Die Kunst hat die Tendenz, wieder die Natur zu sein. Sie wird sie nach Massgabe ihrer jedweiligen Reproductionsbedingungen und deren Handhabung."

Nun frage ich Jeden, der derartige Dinge

überhaupt zu lesen versteht: wo steht in diesem Satze das, was Herr Carl Erdmann beliebt hat, vom „Standpunkt der Wissenschaft" aus ihm herauszutüfteln? Nirgends! Er hat einfach mein x genommen, es an die Tafel als u gemalt und ist dann in Thränen darüber ausgebrochen, dass ich so entsetzlich einfältig sein konnte, einen so offenbaren Unsinn hinzuschmieren! Anzunehmen, dass Herr Carl Erdmann anders gehandelt als bona fide, dazu habe ich offenbar auch nicht die geringste Veranlassung. Mithin, es bleibt mir nichts anderes übrig, als meinen Vorwurf, dessen man sich vielleicht noch entsinnen wird, aufrecht zu erhalten. Herr Carl Erdmann hat mich in dem eigentlichsten Kern meiner Ueberzeugung nicht etwa blos halb, bewahre, er hat mich sogar ganz missverstanden. Punktum!

„Das ist die grosse Arno Holz'sche Formel."

Ganz recht! Und, wie ich mir gestatte wieder hinzuzufügen, die Sie nicht begriffen haben, Herr Carl Erdmann!

„Ich fürchte, dass nur wenige Leser ihre Tragweite und tiefe Bedeutung erfassen werden."

Ich fürchte das ebenfalls. Und daher finde ich auch, was Sie bemerken, ganz treffend:

„Es ist gut, sich hierüber von Holz selbst Aufklärung geben zu lassen."

Sicher!

„Er sagt: „Ist dieser Satz wahr, d. h. ist das Gesetz, das er aussagt, ein wirkliches, ein in der Realität vorhandenes und nicht blos eins, das ich mir thöricht einbilde, eins in meinem Schädel, dann stösst er die ganze bisherige „Aesthetik" über den Haufen. Und zwar rettungslos. Von Aristoteles bis herab auf Taine. Denn Zola ist kaum zu rechnen. Der war nur dessen Papagei. Das klang freilich den Mund etwas voll, aber ich konnte mir wirklich, beim besten Willen, nicht anders helfen. Denn ich war mir darüber schon damals so klar, wie ich es mir noch heute bin. Nämlich, dass Alles, was diese „Disciplin" bisher orakelt hat, genau auf seinem ausgesprochenen Gegentheil fusst. Also, wohlverstanden, dass die Kunst nicht die Tendenz hat, wieder die Natur zu sein! Eine Naivität, deren bisherige, länger als zweitausendjährige unumschränkte Alleinherrschaft leider nur allzu begreiflich ist. Denn sie ist die Naivität des sogenannten gesunden Menschenverstandes, jenes grobknotigen, vierschrötigen Burschen, dessen Captus gerade so weit reicht, wie seine Nase."

Herr Carl Erdmann hält es für gut, das Citat hier abzubrechen. Vielleicht darf ich mir gestatten, es fortzusetzen? Ich finde nämlich, es schliesst hier ziemlich unverständlich. Es lautet zu Ende: „Aber auch bei Leibe nicht weiter! Engels hat uns in seiner, schon einmal hier citirten „Umwälzung" auf's Köstlichste nachgewiesen, wie dieses Knäblein so recht der geborene Metaphysiker ist. „Er denkt in lauter unvermittelten Gegensätzen: seine Rede ist ja, ja, nein, nein, und was darüber ist, ist vom Uebel. Für ihn existirt ein Ding entweder, oder es existirt nicht: ein Ding kann ebenso wenig zugleich es selbst und ein anderes sein. Positiv und negativ schliessen einander absolut aus; Ursache und Wirkung stehen ebenso in starrem Gegensatz zu einander." Allein so plausibel uns dies Alles auf den ersten Blick auch scheinen mag, „dieser gesunde Menschenverstand", fährt

Engels fort, „ein so respektabler Geselle er auch in dem hausbackenen Gebiet seiner vier Wände ist, erlebt ganz wunderbare Abenteuer, sobald er sich in die weite Welt der Forschung wagt; und die metaphysische Anschauungsweise, auf so weiten, je nach der Natur des Gegenstandes ausgedehnten Gebieten sie auch berechtigt und sogar nothwendig ist, stösst doch jedes Mal früher oder später auf eine Schranke, jenseits welcher sie einseitig, bornirt, abstract wird und sich in unlösliche Widersprüche verirrt, weil sie über den einzelnen Dingen deren Zusammenhang, über ihrem Sein ihr Werden und Vergehen, über ihrer Ruhe die Bewegung vergisst, weil sie vor lauter Bäumen den Wald nicht sieht." Nun, und eben gerade diesen Wald, sagte ich mir, der ihr dicht vor der Nase gestanden, fortwährend, den sie hätte fühlen können mit ihrem Krückstock, hat bisher auch die alte metaphysische Aesthetik nicht gesehn. Sie wird daran sterben und

Ueber ihrem Grab erhebt sich ein Baum,
Drin singt die junge Nachtigall,
Sie singt von lauter Liebe,
Ich hör' es sogar im Traum!"

„Und an einer andern Stelle: „Die ganze bisherige (also vor-Holz'sche) Aesthetik war nicht, wie sie schon damit prunkte, eine Wissenschaft von der Kunst, sondern vorerst nur eine Pseudowissenschaft von ihr. Sie wird sich zu der wahren zukünftigen, die eine Sociologie (sic!) der Kunst sein wird und nicht, wie bisher — selbst noch bei Taine — eine Philosophie der Kunst, verhalten wie ehedem die Alchemie zur Chemie, oder die Astrologie zur Astronomie . . . "

Herr Carl Erdmann hält es abermals für gut, sich den Schluss dieses Citats zu schenken. Darf ich aushelfen? Er lautet: „Und wenn uns der alte, biedere Pierre Bayle in seinem prächtigen „ersten Conversationslexikon" von dem alten Knaben Herlicius überliefert hat, dass er „die Astrologie als eine ehrwürdige Wissenschaft angesehen, deren Ehre man erhalten müsse, es koste auch was es wolle", so zweifle ich natürlich schon heute nicht, dass auch die Pierre Bayle's der Zukunft wieder von solchen seltsamen Käuzen werden zu berichten haben. Es ist eben eine alte Geschichte: Die Herliciusse werden nie alle!"

Oder sollten Herrn Carl Erdmann die Herliciusse genirt haben? Dann bedaure ich. Kann aber nicht helfen.

„Diese hohen Ansprüche des Verfassers auf den Ruhm eines Reformators ernsthaft zu nehmen, wird wohl kaum Jemandem beifallen."

Es genügt, dass er sie selber ernsthaft nimmt. Alles Uebrige, Herr Carl Erdmann, ergiebt sich dann ganz von selbst.

„Aber, so wenig ich auch glaube, dass ein nur einigermassen philosophisch Geschulter . ."

. . sich derartige Verdrehungen zu Schulden kommen lassen darf, wie Sie, Herr Carl Erd mann, und die Ihnen nachzuweisen ich mi soeben erst das Vergnügen gemacht . .? Abei nein! Pardon! Sie fahren ja anders fort:

. . . „das Werk in Ansehung der befolgten Methode für ein wissenschaftliches hält," . . .

Aha! Der berühmte „Vorwurf des Dilettantismus", wie Paul von Gizycki ihn nennt! Ich habe schon ordentlich. mit Schmerzen auf ihn gewartet. Er blieb ziemlich lange aus. Hören wir also, wie es insgemein mit ihm bestellt ist: „Der Träger der neuen Idee ist ein Dilettant, seine Ausführungen sind dilettantisches Gerede. Mit diesem Angriffe sucht man dem Gegner alle jene Wirksamkeit auf das Publikum abzuschneiden, welche ehrfurchtgebietende, wissenschaftliche Leistungen auch auf diejenigen ausüben, welche sie nicht verstehen und beurtheilen können. Ueber einen Dilettanten rümpft sogar der Gebildete, d. h. in vielen Fällen der gründlich Unwissende, die Nase. Und der Vorwurf des Dilettantismus trifft originelle Denker zuweilen scheinbar mit vollem Recht. Nicht allein, dass sie der Sache, die sie erforschen, ein tiefes, selbstständiges Interesse (diletto) entgegenbringen, sie weichen auch wirklich, sowohl in der Art, wie sie ihre Ideen gewinnen, als auch in der Form, wie sie dieselben verbreiten, häufig genug von der althergebrachten „wissenschaftlichen" Methode ab. Revolutionirende Ideen werden selten mit Hülfe alter Methoden und alter Voraussetzungen gefunden und ebenso wenig sind sie an die althergebrachte Form der Darstellung gebunden. Der Dilettant in diesem Sinne, der Träger neuer Ideen, fühlt, dass die Fortschritte der Wissenschaft nicht ein Specialinteresse einiger Professoren bedeuten, sondern die eigenste Sache der gesammten Menschheit sind; daher versucht er auch so zu sprechen, dass er womöglich von allen denkenden Menschen verstanden wird, selbst, wenn sie keine Fachgelehrsamkeit besitzen." Mit andern Worten, Herr Carl Erdmann: einem Werke den wissenschaftlichen Charakter abzusprechen und zwar einzig „in Ansehung der befolgten Methode" und aus absolut keinem andern Grunde und noch obendrein, nachdem man eben erst den Beweis geliefert, dass man nicht einmal im Stande gewesen, auch nur die Resultate dieser Methode zu verstehn, sollte einem Manne wie Ihnen, der von der Wissenschaftlichkeit seines eigenen Charakters, ich darf wohl sagen, so durchdrungen ist, grade am allerwenigsten einfallen! Indessen, ich lasse Ihnen weiter das Wort:

„ . . . so werden doch bei der grossen Unklarheit in grundsätzlich ästhetischen Fragen gar viele geneigt sein, wenigstens die Möglichkeit einer Richtigkeit der Holz'schen Formel offen zu lassen, sie für den Ausdruck einer zwar subjectiven, aber doch vernünftigen und berechtigten Kunstauffassung zu halten. Und doch ist es leicht, das principiell Verfehlte dieser ganzen Anschauungsweise einzusehen."

Also endlich! Endlich rückt das grosse Geschütz auf. Ich bin neugierig.

„Die Kunst hat die Tendenz, wieder die Natur zu sein. Sie wird sie nach Massgabe ihrer jedweiligen Reproductionsbedingungen und deren Handhabung." Man mache gleich anfangs dem Verfasser die grössten Concessionen. Man räume ihm für den Augenblick das Recht ein, alle Werke, bei denen von einer Reproduction der Natur gar nicht die Rede sein kann, wie die Werke der Architectur und der Musik, als nicht zur Kunst gehörig zu betrachten."

Dazu bemerke ich: Diese, wenigstens für mein Gefühl etwas sonderbare Parallele zwischen Architectur und Musik stammt einzig von Herrn Carl Erdmann. Sie findet sich in meinem Buche nirgends. Und zwar aus einem sehr einfachen Grunde. Nämlich, weil ich sie für total verfehlt halte. Ich begreife garnicht: Inwiefern reproducirt die Musik weniger die Natur, als etwa — meinetwegen — schön, nehmen wir sogar als Beispiel die Malerei? Etwa weil sie keine Sonnenuntergänge giebt? Nein! Sicher! Die giebt sie nicht! Denn sie verfügt nicht über Farben. Aber ist denn, frage ich, die Empfindung, die ein Sonnenuntergang in mir wachruft, kein Naturvorgang? Nun also! Bitte! Und die giebt sie mir. Vollkommen und mit allen ihren Finessen! Ich verstehe also nicht recht, aus welcher „Wissenschaftlichkeit" heraus Herr Carl Erdmann mit seiner Parallele so schnell zur Hand ist. Etwa weil tausend Leute vor ihm schon diesen Schwupper gemacht? Sogar Taine? Der inkontestabel Grosse? Aber, ich meine, man schwatzt doch am Ende nicht kritiklos Alles nach, was einem vorgeschwatzt wird! Man prüft zuerst! Oder sollte wirklich mein geheimer Verdacht begründet und es mit der „Wissenschaftlichkeit" des Herrn Carl Erdmann nicht gar so weit her sein, wie er selber freilich es ganz naiv anzunehmen scheint? Man täuscht sich so oft im Leben! Also bitte, räumen Sie mir lieber keine Concessionen ein, Herr Carl Erdmann! Sie kommen dabei besser weg und ich vertheidige meinen Posten auch so!

„Man stelle sich von vornherein auf den Standpunkt eines denkbar weit vorgeschrittenen Realismus, Naturalismus, oder wie man diese Kunstrichtung bezeichnen will, und man frage von diesem Standpunkt aus: Kann die Holz'sche Formel auch nur für eine ausgeprägt realistische Kunst Sinn und Geltung beanspruchen?"

Dazu bemerke ich: Diese Zuvorkommenheit ist ganz überflüssig. Als Theoretiker stehe ich weder auf dem Boden des „Realismus", noch des „Naturalismus", noch sonst eines Ismus. Nur als Praktiker bin ich Parteimann. Als Theoretiker existirt für mich einzig der Gegenstand meiner Untersuchung. Und ich werde mich hüten, einzelne Theile aus ihm willkürlich zu entfernen; denn ich weiss nur zu gut und von vornherein, dass Manipulationen dieser Art nothwendigerweise von verderblichen Folgen für mein Resultat sein müssen. Indessen, wie es scheint, Herr Carl Erdmann ist der Meinung, ich bin so zu Werke gegangen. Geschmackssache!

„Jede Kunst ist vorläufig und thatsächlich eine Abstraction von der Wirklichkeit; sie giebt, wenn auch nichts Anderes, so doch keinesfalls die ganze Wirklichkeit. Ein Gemälde kann eben nicht Bewegung, Geräusch, Gerüche zur Darstellung bringen. Arno Holz muss dies zugeben; . . ."

Selbstverständlich! Wie sollte er nicht? Mit Vergnügen! Behauptet er es doch sogar! Und zwar nachdrücklichst und aus eigenster Initiative!

„. . . . aber er schiebt es auf die Unvollkommenheit der Reproductionsbedingungen, deren ungeachtet die „Tendenz" nach absoluter Naturtreue bestehen bleibt."

Schiebt? Schiebt es auf die Unvollkommenheit der Reproductionsbedingungen? Inwiefern? Ich glaube, das ist nicht ganz correkt ausgedrückt, Herr Carl Erdmann! Er schiebt es nicht auf die Unvollkommenheit der Reproductionsbedingungen, sondern er erklärt es durch sie. Das ist präciser. Das trifft besser!

„Also gerade in der . . ."

Lese ich recht?

„Also gerade in der Beurtheilung der eben angeführten Thatsache scheiden sich die Wege."

In der Beurtheilung? Wer? Wie? Wo? Ich?! Wann?!!

„Um den Gegensatz in der Auffassung scharf zu markiren, könnte man sagen: Arno Holz behauptet: Die Thatsache, dass die Kunst nicht in jeder Hinsicht eine treue Wiedergabe der Natur ist, ist eine (mehr und mehr zu beseitigende) Unvollkommenheit, also ein Mangel. Wir behaupten: Diese Thatsache ist nicht nur eine nicht zu beseitigende Nothwendigkeit, sondern ihr eigenster Vorzug. Und zwar wiederholen wir: ein Vorzug auch dann, wenn man als die höchste und einzige Aufgabe der Kunst eine Wiedergabe der Wirklichkeit, eine Darstellung dessen, was ist, erachten wollte."

Verzeihen Sie! Dergleichen Unsinn habe ich nie behauptet. Ich habe mich einfach begnügt, den Satz aufzustellen: so und so ist es! Mit andern Worten, ein Naturgesetz zu constatiren. Und nun nachträglich zu kommen und sich Mühe zu geben, den Leuten einzureden, ich hätte damit ein Lob oder einen Tadel aussprechen wollen, als ob ich ein Schulmeister wäre und die Weltgeschichte eine Fibel, ist ein derartiges Vorgehen, dass ich wirklich gern davon Abstand nehme, es hier zu charakterisiren. Es thut mir leid, dass Sie das noch nicht gewusst haben, Herr Carl Erdmann! Aber lassen Sie es sich wenigstens gesagt sein: indem ich ein Naturgesetz constatire, lobe ich die Dinge weder, noch tadle ich sie, sondern erkläre sie nur. Nichts weiter.

„Eine Analogie aus der Wissenschaft!" Bitte!

„Wenn ein Physiker die Fallgesetze studiren will, so lässt er bekanntlich einen Körper im luftleeren Raume fallen. Nun ist aber der luftleere Raum ein Ding, welches in Wirklichkeit nicht vorkommt; nur durch künstliche und complicirte Vorrichtungen lässt er sich annähernd herbeiführen. Also gerade um die Wirklichkeit in ihrer Gesetzmässigkeit zu erfassen, muss die Wissenschaft gewisse Factoren, welche „in Wirklichkeit" immer auftreten, unterdrücken und bei ihren Untersuchungen gänzlich ausser Acht lassen."

Ganz richtig! Und ich, Herr Carl Erdmann, bin sicher der Letzte, der dagegen, dass sein

College, der Physiker, so vorgeht, etwas einzuwenden hat.

„Ganz Aehnliches thut aber auch die Kunst: sie erfasst die Wirklichkeit nur dadurch, dass sie einen Theil derselben zur Anschauung bringt, dass sie sich also auch abstrahirend verhält. Und gerade ihre hohe und specifische Wirkungsweise beruht darin, dass sie sich auf das für ihre Zwecke Wesentliche und Werthvolle beschränkt, während die Wirklichkeit in ihrer unendlichen Fülle des gleichzeitigen Seins und Geschehens verwirrt."

Bestreite ich weder, noch habe ich jemals bestritten! Nur bin ich wirklich gespannt, welche Folgerungen Herr Carl Erdmann hieraus beabsichtigt?

„Kommt es — um bei der angezogenen Anologie zu bleiben — darauf an, rein die Gesetzmässigkeit in der gegenseitigen Anziehung eines Körpers und der Erde zu erkennen, so erscheint die Einwirkung der Luft nicht nur als ein ganz unwesentlicher, sondern als ein störender Factor."

Wieder nicht zu bestreiten! Absolut nicht

zu bestreiten! Und der Physiker, der sein abstractes Gesetz gefunden hat und es uns nun dahin erläutert, dass es in Wirklichkeit durch diesen Factor stets „gestört" wird, phantasirt der damit von einer „(mehr und mehr zu beseitigenden) Unvollkommenheit" in den Dingen, „also" einen „Mangel"? Ich sollte doch meinen, keineswegs! Er weiss nur zu sehr, wie vollendet kindisch das wäre! Und ich, der ich auf einem andern Gebiete, das freilich unendlich complizirter ist, aber doch wohl a priori derselben Gesetzmässigkeit unterliegt, genau dasselbe Verhältniss constatirt habe, ich soll mich damit dieser unsäglichen Lächerlichkeit schuldig gemacht haben? Ich muss gestehn, ich begreife nicht recht, wie das zugehn soll. Ich würde mich aufrichtig freuen, wenn Herr Carl Erdmann so liebenswürdig sein wollte, mir das zu erklären. Hören wir weiter!

„Und soll ein Kunstwerk rein durch körperliche Formen wirken, so kann — in ganz analoger Weise — alle Farbengebung nicht allein zwecklos, sondern störend sein".

Selbstverständlich! Wenn es das „soll", wer wird das in Abrede stellen?

„Und lediglich, wenn die Formen der Natur nicht entsprechen, könnte man bei dem fraglichen plastischen Werke von Unwahrheit reden."

Freilich! Eine Folgerung von förmlich unglaublicher Richtigkeit!

„Aber zu sagen, die heutige Plastik als solche sei unwahr, weil sie von Farbe, Bewegung etc. abstrahirt, ist ebenso geistreich, wie zu sagen, das von der theoretischen Physik formulirte Fallgesetz sei falsch, weil es nicht den Einfluss der Luft in Betracht zieht."

Allerdings! Ja! Tausendmal ja! Aber das sagt ja Niemand! Ich am wenigsten! So „geistreich" bin ich ja garnicht, Herr Carl Erdmann! Merken Sie denn nicht, immer noch nicht, dass Sie gegen Windmühlen kämpfen? Dass es nur Ihre eigenen phantastischen Einbildungen sind, denen Sie so wüthend die Köpfe absäbeln?

„Wie bei den meisten Denkfehlern, so haben wir es auch bei den Holz'schen Deductionen mit unberechtigten Verallgemeinerungen zu thun."

Nun ja, also! Da haben wir's ja! Nur bitt ich Sie: warum erst jetzt? Warum nicht schon längst? Wenn Sie mir das nachweisen, bin ich geliefert!! Alles Uebrige bisher war, offen gestanden, ziemlich überflüssig; und Sie hätten es sich ruhig sparen können!

„Hätte Arno Holz sein Gesetz bedingt formulirt, hätte er behauptet: Die Kunst hat die Tendenz, in gewisser Hinsicht die Natur zu scheinen — von dem unglücklich gewählten „sein" sehe ich ganz ab, — so würde er nicht nur etwas Richtiges, sondern auch etwas sehr Bekanntes und Selbstverständliches ausgesagt haben."

Eben! Aber er war Narr genug, etwas bis dato sehr Unbekanntes auszusagen. Etwas, wie es merkwürdiger Weise thatsächlich den Anschein hat, für die meisten Menschen sehr wenig Selbstverständliches. Und daher füge ich denn auch sofort hinzu: Geschieht ihm ganz Recht, dass jetzt Herr Carl Erdmann kommt und ihm seine „Absurditäten" vorhält Jeder erntet, was er gesät hat!

„Kein vernünftiger Mensch wird bestreiten, dass die absolute Naturtreue eines Gemäldes etwa in Rücksicht auf Perspective oder geistigen Ausdruck der dargestellten Personen ein. allgemein erstrebtes Ziel ist; kein Mensch behauptet, das Kunstwerk habe in dieser Hinsicht nicht die Tendenz, die Natur zu sein. Aber Arno Holz sagt nicht, in „gewisser Hinsicht", er meint „in jeder Hinsicht", und in diesem schematischen, nicht genügend differentiirenden Denken liegt die Quelle aller seiner Irrthümer."

Nicht wahr, Herr Carl Erdmann? Und solche Irrthümer beabsichtigen Sie mir jetzt nachzuweisen? Bitte! Das soll mir ausserordentlich angenehm sein. Es wird sich ja dann offenbaren, wer von uns Beiden „differentiirender" denkt! Sie oder ich? Oder „schematischer". Je nachdem. Sie werden wählen können.

„Und doch drängen sich gewisse Unterscheidungen ganz von selbst auf. Schreibende und sprechende Automaten, athmende Wachsfiguren oder Schlachtenbilder mit wirklichem Pulverdampf und Gewehrfeuer entzücken zwar den Pöbel auf den Jahrmärkten, aber niemals hat man dergleichen Machwerke für eine

Fortentwicklung der bildenden Künste gehalten trotzdem bei ihnen die „Tendenz" hervortritt, die Natur in noch höherem Grade zu „sein", als dies bei den echten Kunstwerken der Fall ist."

Halt! In diesem Absatz stecken Ihre Beweise. Prüfen wir sie, ob sie wirklich welche sind. Sind sie's, dann bin ich geschlagen und es wird mir nichts andres übrig bleiben, als meine Waffen zu strecken. Sind sie's indessen nicht, dann müssen sie sich nothwendiger Weise in ihr Gegentheil verkehren und, statt meine Position zu untergraben, werden sie vielmehr dazu beitragen, sie noch uneinnehmbarer zu machen.

Sie führen an „schreibende und sprechende Automaten, athmende Wachsfiguren" und die bekannten „Schlachtenbilder mit wirklichem Pulverdampf und Gewehrfeuer" auf den Jahrmärkten. Offenbar, wie ich wohl annehmen darf, als beliebige Beispiele ein und derselben Gruppe, wie sie Ihnen grade einfielen? Mithin, ich brauche nur Eins dieser Beispiele zu widerlegen, um zugleich damit auch die Hinfälligkeit aller übrigen dargethan zu haben. Ja, noch weiter. Ich brauche mich sogar zu diesem Zwecke nicht einmal an eins der Beispiele zu halten, die Sie ausdrücklich genannt haben. Die unumgängliche Voraussetzung ist nur, dass es unbestreitbar ebenfalls in jene Kategorie gehört.

Stimmt das? Geben Sie mir das bis hierher zu?

Ich bitte Sie darum, nicht weil ich hinterrücks ein Taschenspielerkunststückchen vorhabe, sondern weil ich meine Erläuterungen gerne an ein Beispiel knüpfen möchte, das mir möglichst „liegt". Verstehn Sie mich wohl: es ist absolut nicht, was man so nennen könnte, etwa leichter, es ist nur interessanter! Und das muss Sie ja am Ende ebenfalls reizen. Es findet sich in Taine, „Philosophie de l'art", première partie, pag. 38.

Taine vergleicht hier eine griechische Statue mit einem jener bekannten geschnitzten Heiligenbilder, wie man sie häufig in katholischen Kirchen sehn kann: „vêtus d'un froc véritable, la peau jaunâtre et terreuse comme il convient à des ascètes, les mains sanglantes et le flanc percé comme il convient à des stigmatisés; à côté d'eux, des madonnes en habillements royaux, en toilettes de fête, vêtues de soie lustrée, parées de diadèmes, de colliers précieux, de frais rubans, de dentelles magnifiques, la chair rosée, les yeux brillants, les prunelles formées d'une escarboucle." Und der Eindruck dieser beiden Werke auf ihn ist, wie man sich leicht vorstellen kann, ein sehr verschiedner. Taine findet den heidnischen Marmor ebenso vollendet schön, wie er das christliche Schnitzwerk vollendet hässlich findet. Während der erste ihn lebhaft anzieht, stösst ihn das zweite lebhaft ab; ja, erfüllt ihn mit Widerwillen, Ekel und theilweise sogar Abscheu. Gefühle, die ich bei dieser Gelegenheit alle vollkommen begreife. Ich möchte in der That den unter den Gebildeten unseres Jahrhunderts sehn, der, in die gleiche Lage versetzt, nicht genau ebenso fühlte! Aber ist, frage ich, der Schluss berechtigt, den Taine hieraus zieht? Nämlich der Schluss, dass also in der exakten Reproduction der Natur das Wesen der Kunst unmöglich bestehn könne, da doch offenbar in der zweiten Skulptur, mit ihren grellen Farben, wirklichen Gewändern und echten Edelsteinen, die Idee der Nachahmung bis an ihre äusserste und letzte Grenze realisirt sei („l'imitation poussée jusqu'au bout"), während die erste, in ihrer einen, gleichfarbigen Tönung und mit ihren Augen, denen sogar die Augäpfel fehlen, doch ebenso offenbar weit hinter dieser Grenze zurückgeblieben sei?

Darauf erwidre ich: Nein! Dieser Schluss ist nichts weniger als berechtigt! Und zwar glaube ich für seine Hinfälligkeit einen Beweis beibringen zu können, so durchsichtig in seiner Klarheit, so zwingend in seiner Folgerichtigkeit, dass es mich wirklich reizt, ihn für liebenswürdige Liebhaber von solchen Nippsächelchen hier in eine ebenso hübsche wie handliche Formel zu bringen. Und zwar dieses, wie ich hinzufüge, umsomehr, als ich thatsächlich davon überzeugt bin, diese würde, den Fall gesetzt, dass ich mich geirrt hätte und Bock über Bock geschossen, meinen Gegnern, um mich zu widerlegen, eine nur um so bequemere und leichtere Handhabe bieten. Und ich betone, es läge mir nichts daran, ihnen eine solche unter derartigen

Umständen nicht bieten zu wollen. Denn ich wiederhole auch hier, und zwar nachdrücklich, was ich schon einmal wiederholt habe: „Es handelt sich nicht für mich darum, dass ich meinen Kopf durchsetze, sondern dass eine Wahrheit ermittelt wird; nichts weiter!" Freilich! Habe ich mich nicht geirrt, habe ich nicht Bock über Bock geschossen, ist dieses Pech vielmehr meinen armen Gegnern passirt, dann werden sie sich ihre Zähne an ihr nur um so zeitiger zerbrechen und um so gründlicher. In beiden Fällen mein Vortheil. Sehen wir also zu, ob es mir gelingt.

Taine hatte, um uns seinen Beweis zu führen, sagen wir einen Faun neben einen Nepomuck gestellt und war dabei, als tertium comparationis an die Natur denkend, zu der Ueberzeugung gelangt, dass die Idee ihrer Nachahmung in der zweiten Skulptur ungleich stärker realisirt vorläge, als in der ersten. Sodann hatte er, von der Voraussetzung ausgehend, dass ein Kunstwerk unser Gefühl um so restloser befriedigen müsse, je vollendeter es wäre, d. h. also, mit andern Worten ausgedrückt, je deutlicher in ihm das innere abstracte Wesen der Kunst auch in die äussere concrete Erscheinung getreten wäre, constatirt, dass der arme Nepomuck, und zwar ganz im Gegensatz zu seinem Collegen, dem Faun, sein Gefühl nichts weniger als befriedigte. Woraus sich dann, als Schluss, die Folgerung, dass also in der exacten Reproduction der Natur das Wesen der Kunst unmöglich bestehn könne, ganz von selbst ergab.

Dieses lässt sich, da wir uns nun einmal in den Kopf gesetzt haben, so zu verfahren, ausdrücken, wie folgt: Nepomuck $=$ Natur $-x$, Faun $=$ Natur $-x-u$. Voraussetzung aber: Kunstwerk resp. Kunst stets $=$ Gefühl. Dieses, im vorliegenden Falle, $=$ Faun, folglich, da Faun $= N - x - u$, auch das Gefühl selbst $= N - x - u$, und weiter, da es immer $=$ Kunstwerk, resp. Kunst sein muss, auch dieses, resp. diese $= N - x - u$. Oder noch kürzer, wenn man für Nepomuck Np, für Faun Fn, für Natur N, für Kunstwerk resp. Kunst K und für Gefühl G gelten lassen will: $Np = N - x$, $Fn = N - x - u$, $K = G$, $G = Fn = N - x - u$, folglich $K = N - x - u$.

Dieser Beweis krankt vor Allem an einem Fehler, den man grade bei einem Manne wie Taine am wenigsten hätte vermuthen sollen. Nämlich, Taine setzt sein Gefühl für das Gefühl überhaupt. Er sagt, weil mein Gefühl durch den weissen Faun dort befriedigt wird, wird das Gefühl überhaupt durch ihn befriedigt; und weil mein Gefühl durch den bunten Nepomuck dort beleidigt wird, wird das Gefühl überhaupt durch ihn beleidigt. Nur vergisst er dabei leider ganz, dass es vor ihm und neben ihm auch noch Menschen giebt, resp. gegeben hat. Menschen aus Sphären so unendlich fern der, in der er momentan lebt und athmet, dass ihr Gefühl ganz im Gegentheil durch den bunten Nepomuck befriedigt und durch den weissen Faun beleidigt wird, resp. befriedigt und beleidigt wurde.

Wie also, wenn diese Menschen aus ihrem genau entgegengesezten Gefühl heraus den genau entgegengesetzten Schluss folgern wollten? Respective hätten folgern wollten? Denn sicher stünde ihnen das doch wohl mit genau demselben Rechte frei, respective hätte ihnen frei gestanden, wie es Taine frei gestanden hat! Also des Inhalts, den Faun finde ich scheusslich, der Nepomuck füllt mir das Herz mit Entzücken, in ihm tritt das Bestreben, möglichst der wirkliche Nepomuck zu sein, schärfer hervor, als das gleiche Bestreben mit der selbsverständlichen Abänderung im Faun, folglich besteht das Wesen der Kunst in einer möglich exacten Reproduction der Natur; oder kürzer in unsrer Buchstabensprache: $Np = N - x$, $Fn = N - x - u$, $K = G$, $G = Np = N - x$, folglich $K = N - x$. Würde er auch nur um ein Tausendstel Gran weniger plausibel erscheinen als der Taine'sche? Trotzdem er doch, wie man mir zugeben wird, genau das Gegentheil besagt? Gewiss nicht! Denn er ist genau wie dieser nur das durchaus logische Resultat aus genau denselben Voraussetzungen. Woraus sich denn freillich sofort und ganz von selbst ergiebt, dass es mit diesen irgendwie „hapern" muss. Und in der That! So wenig ich auch Taine das Recht bestreite, $K = G$ zu setzen, oder gar das ihm zweifellos noch weit besser verbriefte, dieses G wieder $= Fn$, so energisch muss ich dagegen Einspruch erheben, dass er zugleich auch $Np = N - x$ setzt und $Fn = N - x - u$. Wieso?! Wie kommt er dazu?! Ich behaupte, es ist einfach nicht wahr, dass die Tendenz, möglichst wieder die Natur zu sein, in den katholischen Heiligen in höherem Maasse realisirt erscheint, als in den griechischen Göttern. Nie und nimmer! Wenigstens nicht von uns aus gerechnet. Von Taine und von mir!

Einen recht grellen, schrillen, schreienden Beweis! Mir zur Verfügung steht die Laokoongruppe. Ich rasire dem Sohn des Antenor mit einem Meissel geschickt den schön gekräuselten Schnurrbart aus und klebe ihm dafür, statt des steinernen, einen aus wirklichen Haaren an, kunstvoll von einem Friseur verfertigt. Bin ich nun damit der Natur näher gekommen? Nicht im Geringsten! Sondern im Gegentheil! Ich habe mich mit dieser Manipulation nur um zehntausend Ellen weiter von ihr entfernt. Denn ich habe mit ihr in meinem Werke Proportionen geschaffen und Missverhältnisse, wie sie in der Natur aber auch nicht einmal annähernd vorkommen! Und der sofortige Effect auf mich, ein Gemisch aus Lachen und Ekel, ist mir daher aus meinem ersten grossen Grundgesetz heraus nur allzu begreiflich. Denn dieses sagt mir: Alles, was in der Kunst gegen die Natur verstösst, muss mir missfallen, ganz gleich, ob ich will oder nicht, und zwar um so heftiger, je deutlicher mir die betreffenden Verstösse auch als solche zum Bewusstsein kommen. Und natürlich, ebenso umgekehrt! Genau dieselbe aber und absolut keine andere Methode, als die eben von mir angewandte, nur bis in ihre letzten, äussersten Consequenzen hinein, haben ihrer Zeit die frommen, christlichen Bildschnitzer befolgt, wenn sie z. B. ihrer himmlischen Magd, zu all dem übrigen Brimborium, auch noch ein paar Edelsteine in das bepinselte Gesicht setzten. Oder etwa nicht? Ich sollte doch sehr energisch meinen! Nur freilich merkten das damals die Biedern nicht. Sie waren von ihrer Idee, die Himmlische auch so himmlisch als nur irgend möglich zu geben, so erfüllt, dass sie sich garnicht bewusst wurden, wie sehr sie, trotz all ihrer Mühen, doch immer und immer wieder hinter der Realisirung dieser Idee zurückblieben. Ja, dass sie sogar die Lücke x immer nur grösser und klaffender machten, je eifriger sie sich instinktiv bemühten, sie zuzustopfen. Die Aermsten waren eben zu miserable Künstler! Nein, nein und noch einmal nein! Nicht weil ihm diese, so schändlich ausstaffirte katholische Himmelskönigin zu natürlich erscheint, prallt Taine unwillkürlich vor ihr zurück, sondern ganz im Gegentheil, weil sie ihm zu unnatürlich vorkommt! Sein Gefühl vor ihr würde sich sonst unmöglich bis zum Ekel steigern! Und umgekehrt! Eine Venus von Milo! Was wäre an ihr nicht wunderbar, d. h. nicht „Natur"? Etwa, dass sie nicht nickt, wenn man sie anstösst? Dass sie nicht angepinselt ist? Das Haar tief beinschwarz und die Backen „gesund" mit Zinnober? Grässlich! Und doch giebt es Menschen, die „naiv" genug sind, zu behaupten, das gute Kind würde dann „natürlicher" aussehn! Grauenhaft! Unnatürlicher!! Ein Scheusal aus der neunundneunzigsten Dimension, von dem ich wirklich ehrlich wünschte, es würde den Betreffenden alle Nacht in ihren Träumen erscheinen, bis sie kurirt sind!

Nein! Kein Tüpfelchen dürfte an diesem Wunderwerk anders sein, als es ist. „Die Kunst hat die Tendenz, wieder die Natur zu sein; sie wird sie nach Massgabe ihrer jedweiligen Reproductionsbedingungen und deren Handhabung." Die Reproductionsbedingung war in diesem Falle der und der grosse Block Marmor und die und die, so und so beschaffenen Instrumente: Meissel, Hämmer, Bohrer, was weiss ich! Und nun möchte ich den sehn, der mir kommen will und behaupten, mit diesem Material hätte etwas geleistet werden können, was der „Natur" thatsächlich hätte noch „näher" kommen können! Und eben, weil dieses „Noch-näher" nicht geleistet worden wäre, trotzdem es — ich wiederhole das! — hätte geleistet werden können, deswegen wäre das Werk ein so ausserordentliches! Blasphemie!!! Und Taine behauptet es! Behauptet es steif und fest und mit ihm die ganze alte Aesthetik! Sie behauptet, die heilige Mutter Gottes in Czenstochan wäre eine getreuere Copie der „Natur", als die Göttin, die sie ausgegraben haben in Milo! Blasphemie! Blasphemie!! Blasphemie!!!

Ich rekapitulire: Ich hatte Taine das Recht bestritten, in seiner Formel $Np = N - x$ zu setzen und $Fn = N - x - u$; indem ich vielmehr behauptete, dass die Werthe von Np und Fn sich in ihr grade umgekehrt verhielten. Wenigstens, ich wiederhole das, von ihm und von mir aus gerechnet. Ist es mir gelungen, dieses auch zugleich zu beweisen? Ich hoffe es! Mithin, ich halte mich für berechtigt, die Taine'sche Formel jetzt zu fassen, wie folgt: $Np = N - x - u$, $Fn = N - x$, $K = G$, $G = Fn = N - x$, folglich $K = N - x$. Die Voraussetzungen kann Taine mir unmöglich bestreiten, die Folgerung noch weniger, mit andern Worten: Ich habe ihm genau das Gegentheil bewiesen von dem, was er mir hatte beweisen wollen. Genügt das? Ich würde, offen gestanden, einigermaassen verblüfft sein, wenn man mir darauf mit Nein antworten wollte.

Und nun, Herr Carl Erdmann, Ihre „schreibenden und sprechenden Automaten", Ihre „athmenden Wachsfiguren" und Ihre „Schlachtenbilder mit wirklichem Pulverdampf und Gewehrfeuer"! Soll ich wirklich mit ihnen auf mein Exempel noch die Probe machen? Ich denke, ich erlasse es mir. Diese Arbeit erfordert, nachdem die Basis zu ihr einmal geschaffen, eine zu mässige Intelligenz, als dass ich mir herausnehmen dürfte, sie Ihnen hier abzunehmen. Etwa, wie man einem Kinde eine Vase nicht anvertraut, aus Angst, es könnte mit ihr fallen und sich die Nase kaput schlagen. Das wäre für Sie nur beleidigend und für mich nicht grade schmeichelhaft. Halten wir also damit die Geschichte für erledigt und gestatten Sie mir höchstens, dass ich hier zum Schluss auf die ersten Worte, mit denen ich diese meine Entgegnung auf Ihren letzten Einwurf einleitete, wieder zurückkomme:

Halt! In diesem Absatz stecken Ihre Beweise. Prüfen wir sie, ob sie wirklich welche sind. Sind sie's, dann bin ich geschlagen und es wird mir nichts andres übrig bleiben, als meine Waffen zu strecken. Sind sie's indessen nicht, dann müssen sie sich nothwendigerweise in ihr Gegentheil verkehren und, statt meine Position zu untergraben, werden sie vielmehr dazu beitragen, sie noch uneinnehmbarer zu machen.

Hat meine Prophezeiung sich erfüllt? Ich bilde es mir wenigstens ein. Wollen Sie jetzt fortfahren?

„Erstreckt sich aber bei der Nachbildung menschlicher Figuren die fragliche „Tendenz Natur zu sein", lediglich auf Körperformen, Ausdruck und Geberde, so kann gerade in Hinsicht auf die künstlerische Wirkung die Annäherung an die Wirklickheit überhaupt nicht weit genug getrieben werden."

Ganz meine Meinung, Herr Carl Erdmann!

„Eine menschliche Gestalt mit weissem Gesicht und grünen Haaren lehnen wir ohne weiteres ab, und zwar lediglich wegen ihrer Unwahrheit. Aber eine weisse Marmorfigur, oder eine ganz mit grüner Patina überzogene Bronzestatue finden wir ebenso wenig unrealistisch, wie eine gleichmässig in allen Dimensionen ausgeführte Verkleinerung oder Vergrösserung."

Wie gesagt, noch einmal: ganz meine Meinung, Herr Carl Erdmann! Nur sehe ich wirklich nicht ein, wozu Sie hier alle diese Selbstverständlichkeiten überhaupt noch erst zu Papier bringen?

„Und wir wiederholen: ein einfarbiges Werk der Plastik kann weit besser geeignet sein, eine bestimmte Seite der Wirklichkeit die Form, unserm Verständniss zu erschliessen, als ein solches, welches mit einer realistischen Bemalung versehen ist."

Zum dritten Mal, Herr Carl Erdmann: ganz meine Meinung! Mit andern Worten: Sie kämpfen wieder einmal gegen die berühmten Windmühlenflügel! Mein Beileid!

„Statt also wichtige Unterschiede zu verwischen . . ."

Verzeihen Sie! Aber ich möchte Sie diesen Satz denn doch nicht zu Ende schreiben lassen, ohne mich gleich gegen seine ersten Worte zu verwahren. Wer „verwischt" denn „wichtige Unterschiede?" Sie, oder ich, Herr Carl Erdmann? Oder, noch besser: wer hat denn solche verwischt? Ich meine, nach all dem Vorhergegangenen kann Ihnen das jetzt keinen Augenblick lang mehr zweifelhaft sein. Statt also so sinnloses Zeug hier — aber nein! Ich will doch lieber noch ein ganz klein wenig damit warten! Statt also wichtige Unterschiede zu verwischen . . . .

„wie Holz dies thut, lediglich zum Zwecke, recht allgemeine Sätze zu erhalten, ist es gerade Aufgabe der Aesthetik, diese Unterschiede scharf zu präcisiren."

So! Jetzt habe ich Sie also auch ausreden lassen, Herr Carl Erdmann! Es hat mir zwar einige Ueberwindung gekostet, denn was Sie da gesagt haben, ist wieder gradezu ein ganzer Rattenkönig von Verdrehungen, Irrthümern und Missverständnissen gewesen, aber ich hatte Ihnen mein Wort gegeben und war also auch nur verpflichtet, es Ihnen zu halten. Also! Erstens! Wo und wann habe ich mir erlaubt, „wichtige Unterschiede" zu „verwischen"? Ich stelle Ihnen hier diese Frage noch ein Mal, Herr Carl Erdmann, und bitte Sie dringend, mir darauf zu antworten. Zweitens! „Lediglich zum Zwecke, recht allgemeine Sätze zu erhalten." Auch dafür erbitte bescheiden den Nachweis. Er würde, falls thatsächlich im Anschluss an den ersten erbracht, mich einer Unehrlichkeit überführen, die natürlich jede weitere Diskussion mit mir vollständig überflüssig erscheinen lassen müsste. Mit Charlatanen diskutirt man nicht. Man versetzt ihnen nur einfach den Betreffenden und lässt sie dann laufen. Also, nicht wahr? Wenn ich bitten darf! Drittens! Denselben Passus noch ein Mal: „Lediglich zum Zwecke, recht allgemeine Sätze zu erhalten." Mit andern Worten, wenn ich Sie recht verstehe! Sie scheinen sich über den Werth von solchen „recht allgemeinen Sätzen" noch nicht ganz klar zu sein? Vielleicht gestatten Sie daher, dass ich mir die Mühe mache, Sie darüber aufzuklären? Derartige „recht allgemeine Sätze" repräsentiren, vorausgesetzt natürlich, dass sie wahr sind, Gesetze. Und es ist eine alte Geschichte, dass solche um so werthvoller sind, grade je allgemeiner sie sind. Nur hätte ich wirklich nie geglaubt, dass ich Ihnen derartiges A-b-c-Zeug noch erst vorbeten müsste! Viertens! „Ist es gerade Aufgabe der Aesthetik, diese Unterschiede scharf zu präcisiren." Diese? Welche, Herr Carl Erdmann? Ich verstehe Sie nicht! Die ich verwischt habe? Aber ich wiederhole, ich habe keine verwischt! Ist mir ja garnicht eingefallen. Mithin, Ihre „Aufgabe" scheint mir eine ziemlich dunkle . . .

„Auch für eine rein realistische Kunst — denn von allem Idealisiren, Stilisiren und Darstellen reiner Phantasievorstellungen sehen wir hier ja grundsätzlich ab — sind zu unterscheiden."

Bitte schön! Aber nur ein ganz kleines Augenblickchen und im Vorbeigehn! Dass Sie von all diesen schönen Sachen hier grundsätzlich absehn, ist zwar ausserordentlich entgegenkommend von Ihnen und liebenswürdig, Herr Carl Erdmann, aber zugleich auch, wie ich Ihnen nicht verhehlen kann, ebenso ausserordentlich überflüssig. Denn ich wiederhole: das Gesetz, dass ich gefunden, begreift ein altes japanisches Götzenbild nicht minder, als eine moderne französische Porträtstatue, einen Böcklin nicht minder, als einen Menzel. Nur muss man es freilich vorher sozusagen verstanden haben, Herr Carl Erdmann! Ich erinnere Sie an die alte Weisheit: Wenn die Fliege nicht weiss, wozu sie ihren Rüssel hat, verhungert sie auf einem Pudding! Doch ich lasse Ihnen wieder das Wort. Also auch für eine rein realistische Kunst sind zu unterscheiden:

„1) Abweichungen von der Natur, welche

unter allen Umständen eine Unvollkommenheit darstellen, welche also in dem mangelhaften Können des Künstlers, in den „Reproductionsbedingungen" und deren Handhabung, begründet sind."

Gestatten Sie, dass ich Sie bereits wieder unterbreche! Aber es ist leider durchaus nöthig. Sie schreiben, „Abweichungen, welche in dem mangelhaften Können des Künstlers begründet sind", und glauben damit, wie unweigerlich aus Ihrem Zusatz hervorgeht, meine Anschauung wiedergegeben zu haben: „in den Reproductionsbedingungen und deren Handhabung". Und das nennen Sie differenziirend denken, Herr Carl Erdmann? Ich bitte Sie! Mein Satz, zum Ueberfluss noch einmal ins Treffen geführt, lautet: „Die Kunst hat die Tendenz, wieder die Natur zu sein; sie wird sie nach Maassgabe ihrer jedweiligen Reproductionsbedingungen und deren Handhabung". Und ich meine, es ist doch wohl nur allzu selbstverständlich, dass grade diese letzte, und zwar absolut ausnahmslos und in allen Fällen, von einer geradezu unübersehbaren Reihe von Motiven bestimmt wird und nicht blos durch Ihr ein ärmliches „mangelhaftes Können" des Künstlers? Grade diese tausend und abertausend sich kreuzenden Motive in jedem Einzelfalle möglichst zu entwirren und so diese „Handhabung" als eine, wenn ich mich so ausdrücken darf, aus ihrem „Milieu" heraus nothwendige darzustellen und somit die jedesmalige Grösse der Lücke x erklärt zu haben, stellt mein Satz ja als eine der vielen grossen Aufgaben unserer Wissenschaft hin! Begreifen Sie denn das garnicht, Herr Carl Erdmann? Ist das wirklich so schwer?

„2) Abweichungen, die durch Zweckmässigkeitsgründe geboten erscheinen. Hierher sind z. B. viele Verkleinerungen zu zählen: es ist nicht möglich nur lebensgrosse Bilder an eine Zimmerwand zu hängen."

Gewiss doch! Und das leugnet ja auch Niemand. Meine Formel am allerwenigsten, Herr Carl Erdmann! Die Thür, die Sie mit dieser Rubrik einrennen wollen, steht offen, sperrangelweit offen. Bitte, überzeugen Sie sich! Sie können ruhig eintreten. Sich vorher so hoch die Hemdsärmel aufzustreifen, ist wirklich ganz überflüssig.

„3) Abweichungen, welche den ureigensten Verzug der Kunst ausmachen. Hier handelt es sich meist um ein Abstrahiren, um eine Beschränkung auf einzelne Seiten oder Theile der Wirklichkeit — wodurch jene grössere Fülle, jene Concentration auf das Wesentliche und Werthvolle erzielt wird, auf welcher die höhere Wirkung der Kunst der Wirklichkeit gegenüber beruht."

Meinetwegen! Schön! Auch diese dritte Rubrik zugegeben. Wenigstens ihrem Kern nach; denn die Schaale ist für meinen Geschmack hie und da denn doch ein wenig zu antiquirt und barock. Nur frage ich: sind Sie wirklich, Herr Carl Erdmann, der naiven Ueberzeugung, wiegen Sie sich wirklich in dem Glauben, dass Sie mit diesen Ihren drei Armseligkeiten bereits die ganze und wahrhaft erdrückende Fülle von Ursachen, die jener Lücke x zu genau ihrer jedesmaligen Grösse verhelfen, ausreichend spezialisirt haben? Nun, dann lassen Sie es sich gesagt sein, Herr Carl Erdmann: es wäre mir ein Kinderspiel, Ihnen hier noch dreissig solcher Dinge anzuführen und zwar ohne jede Mühe und rein aus dem Stegreif;

aber selbst den Fall gesetzt, es gelänge mir, ihre Anzahl bis auf dreihundert und weiter fortzuführen, würde nicht jede dieser kleinen Thatsachen nur dazu beitragen, meinem Satze noch eine kleine Stütze mehr zu verleihen? Ich hoffe, Sie werden ihn nachgerade denn doch wenigstens insoweit verstanden haben, um mir dieses jetzt glattweg zuzugeben? Mit andern Worten, so leid es mir auch thut, aber auch diese Ihre drei Rubriken waren höchst überflüssig! Und ich muss gestehn, fast wäre ich versucht hinzuzufügen: was bisher nicht?

Zum Schluss, schnell, ehe ich zu Ihrem Nächsten übergehe, noch Eins. Nämlich Ihre Phrase: „.... auf welcher die höhere Wirkung der Kunst der Wirklichkeit gegenüber beruht." Eine Phrase, glücklich wiedergekäut nun schon durch die Jahrhunderte. Aber es ist mir unmöglich, an ihr vorüberzugehn, ohne meine Ueberzeugung zu äussern, dass die Zeit unmöglich mehr fern sein kann, wo man vor ihr dastehn wird, kopfschüttelnd, wie vor den ausgegrabenen Knochen eines alten vorsündfluthlichen Unthiers. Wie war es nur möglich, wird man fragen, dass mit einem derartigen Blödsinn, den jede Erfahrung doch sofort hätte über den Haufen werfen müssen, operirt wurde, wie man mit einem Axiom operirt? Und doch ist die Lösung eine sehr einfache. In dieser Phrase gipfelt die letzte Consequenz der alten Aesthetik. Genau wie in der gegentheiligen Ueberzeugung meine eigene Anschauung mündet. Das sagt Alles!

„Bei dieser dritten Kategorie haben wir übrigens nicht blos jene Abstractionen im Auge, welche allen Werken einer ganzen Kunstgattung gemeinsam zukommen, wie z. B. die Abstraction von Bewegung und Geräusch bei der Malerei. Wir meinen, dass auch im Einzelnen ein Kunstwerk gewisse Elemente der Wirklichkeit unterdrücken bezw. abändern kann, wenn diese Elemente für die beabsichtigte Wirkung ohne alle Bedeutung sind. So abstrahirt zwar die dramatische Kunst im Allgemeinen nicht, wie die Malerei von der Zeit, aber es muss ihr in gewissen Fällen gestattet sein, die Zeit in einer, der Wirklichkeit nicht entsprechenden Weise zu verkürzen, falls sie nicht auf alle „Verdichtung" verzichten und ihre Wirkungskraft selbst zerstören will."

Selbstverständlich! Aber, bitte, vielleicht lassen Sie sich die kleine Mühe nicht verdriessen und lesen noch einmal meine letzten Bemerkungen durch? Aber, nicht wahr? recht aufmerksam! Vielleicht kommen Sie dann dahinter.

„Wie weit nun freilich der Künstler in dieser Freiheit gehen darf, ohne dass die von einer unzählbaren Menge scheinbarer Kleinigkeiten abhängende Glaubhaftigkeit des Werkes vernichtet werde und das unbehagliche Gefühl der Unwahrheit sich störend in's Bewusstsein dränge — diese Frage im Allgemeinen zu beantworten ist die Aesthetik eben so wenig im Stande, wie die damit im Zusammenhang stehende Frage: was ist „wesentlich" oder was ist „werthvoll"? Hierüber kann nur im einzelnen concreten Fall entschieden werden."

Natürlich! Und hat ja auch noch Niemand verlangt! Also schnell das Nächste! Höchstens, dass Sie mir vielleicht vorher noch meinen verbindlichsten Dank gestatten für das „unbehagliche Gefühl von Unwahrscheinlichkeit", das sich „störend in's Bewusstsein drängt"! Fühlen Sie denn das nicht? Bereits diese einzige kleine Conzession und Ihr ganzes System wackelt! Indessen, ich erspare es mir, wieder darauf zurückzukommen. Die Geschichte wird sonst langweilig.

„Und so müssig gewöhnlich die Frage nach dem Zwecke der „Kunst" ist, ..."

Gewiss! Diese alte, kindische Frage haben wir uns längst abgewöhnt. Wir kennen nur noch Ziele.

„. . . . so nothwendig ist hier die Frage nach dem Zwecke des einzelnen Kunstwerks, nach der Absicht des Künstlers. Nur wenn man weiss, was der Künstler im speziellen Falle zur Darstellung hat bringen wollen, wird man anzugeben im Stande sein, was wesentlich und was werthvoll ist, und von welchen Faktoren der Wirklichkeit bis zu einer gewissen Grenze abstrahirt werden darf, von welchen nicht."

Natürlich! Natürlich! Nur, ich wiederhole, Alles so entsetzlich selbstverständlich, Herr Carl Erdmann, so nachgerade uns Allen an den Filzpantoffeln abgelaufen, dass ich wirklich wieder nicht recht einsehe, warum Sie mir das hier überhaupt noch „aufs Butterbrod schmieren"? Thut Ihnen denn gar nicht Ihre schöne Zeit leid?

„Auch hier sei es gestattet, an die oben angezogene Analogie aus der Wissenschaft zu erinnern."

Gewiss! Wenn es durchaus sein muss, wieso nicht? Ich bin kein Spielverderber.

„Ich hatte betont, dass bei der Formulirung des Fallgesetzes die Luft eine „störende" Rolle spielte und dass sie demgemäss beseitigt werden musste. Das hindert natürlich nicht, dass in einem anderen Capitel der Physik gerade der Einfluss des Luftwiderstandes auf die fallenden Körper zum Gegenstande der Untersuchung gemacht wird. Was also hier als störend und unwesentlich beseitigt wurde, das wird dort als Hauptsache in den Vordergrund gerückt. Und so ist's auch in der Kunst. Was bei einem Kunstwerk als ein nebensächliches bezw. störendes Element der Wirklichkeit beseitigt oder verändert wurde, das ist bei einem anderen hervorragendes Objekt der künstlerischen Darbietung."

Wünschen Sie hierfür meinen Namen als Unterschrift? Ich cedire Ihnen seine acht Buchstaben mit Vergnügen. Nur — pardon! Aber, dass ich Sie daran erinnere! Ich glaube, Sie hatten vor, mir Verschiednes nachweisen zu wollen? Erstens, dass die in meinem Buche befolgte „Methode der Untersuchung — eine ganz eigenartige Induction — von einer gradezu **rührenden Kindlichkeit**" gewesen wäre, zweitens, dass die „positivistischen Grundsätze und Schlagworte, deren ich mich bedient hatte, von mir — milde gesagt — nur **halb verstanden**" wären, drittens, dass „überhaupt meine ganze Anschauungsweise **prinzipiell verfehlt**" wäre, etc. etc.! Kurz, ein ganzes Sündenregister! Und, wie ich zu meinem Schrecken eben bemerke, nähert sich Ihr Aufsatz bereits bedenklich seinem Ende! Sie beabsichtigen doch nicht etwa, mir das Alles schuldig zu bleiben, Herr Carl Erdmann? Sie werden mir zugeben: das wäre nur wenig nobel von Ihnen! Ich will also noch Geduld haben. Vielleicht irre ich mich und Sie sind so liebenswürdig, Ihre versprochenen Dukaten doch noch funkeln zu lassen!

„Auch für die einzelnen Kunstarten lassen sich nur innerhalb enger Grenzen Bestimmungen treffen, auf welche Seiten und Theile sie sich zu beschränken haben. Zwar erscheint es ohne weiteres als selbstverständlich, dass die Plastik von allen Wirkungen auf Ohr und Nase abzusehen habe und dass sie sich mit der Darstellung eines einzigen Zeitmoments begnügen müsse; aber schon bei der Farbe erheben sich Zweifel. Ich habe oben ausdrücklich die Berechtigung einer einfarbigen Plastik anerkannt, ich habe zugegeben, dass es Kunstwerke giebt, deren specifische Wirkung und deren Vorzug darin besteht, dass sie uns die Form erschliessen, indem sie von der Wirklichkeit ausschliesslich sie zur Anschauung bringen. Man kann selbst zugestehen, dass alle bisherigen guten Werke der Bildhauerkunst wohl daran thaten, sich lediglich auf den reinen Formenschein zu beschränken. Ob aber nicht auch Kunstwerke möglich sind, deren Wesen und Vorzug gerade in dem Zusammenwirken von Form und Farbe besteht, das lässt sich a priori weder läugnen noch beweisen. Nur durch Erfahrung allein kann hier ein Urtheil gewonnen werden."

Weiter! In diesem Absatz funkelt noch nichts. Es ist mir höchstens ziemlich räthselhaft, gegen wen alle diese furchtbaren Hiebe ins Blaue gerichtet sein sollen. Gegen mich doch hoffentlich auf keinen Fall, Herr Carl Erdmann? Bleiben also wieder nur noch die armen Windmühlenflügel. Gratuliere!

„Ich wiederhole: es ist unmöglich, ganz im Allgemeinen Gesetze aufzustellen, in welcher Hinsicht und in welchen Elementen die Kunst oder auch nur einzelne Künste eine unbedingte Naturtreue erfordern, und in welcher Hinsicht ein Abweichen von der Natur zweckmässig oder nothwendig erscheint."

Darf ich das ebenfalls wiederholen? Und vielleicht zugleich auch noch die ganz bescheidene Anfrage, ob Herr Carl Erdmann mir etwa damit unterschieben will, ich hätte den Versuch gemacht, solche „Gesetze" aufstellen zu wollen? Das wäre mir, und zwar in seinem eigensten Interesse, sehr schmerzlich.

„Dass aber überhaupt ein Kunstwerk —

auch wenn es ein rein realistisches Kunstwerk ist — nur in gewissen Elementen eine Nachbildung der Wirklichkeit bezwecken kann, das kann nicht bestritten werden."

Verzeihen Sie! Aber Sie drücken sich wieder etwas zu wenig deutlich aus, Herr Carl Erdmann! Sie schreiben: „eine Nachbildung der Wirklichkeit bezwecken kann." Bezwecken kann ein Kunstwerk doch wohl Alles, was seinem betreffenden Künstler grade einfällt? Also auch eine Nachbildung der Wirklichkeit in allen Elementen! Die Frage ist doch wohl nur die, ob es zugleich auch eine solche sein kann? Und da müssten Sie, Herr Carl Erdmann, selbst es doch eigentlich am Besten wissen, dass ich grade der Allererste bin, der auf diese Frage mit einem absoluten und wohlüberlegten Nein antwortet. Wozu also, ich wiederhole, dieser wirklich wieder einmal höchst überflüssig gewesene Athem Ihrer Rede? Ich verstehe das nicht recht!

„Völlig sinnlos aber ist die Forderung einer „exakten Reproduction" der Wirklichkeit, völlig unerfindlich das Begehren, im

Kunstwerk eine höchst überflüssige Doublette der Natur herzustellen."

Also doch? O, wie mir das weh thut! Und damit sind Sie bereits im Begriff, Ihren Aufsatz zu schliessen? „Völlig sinnlos aber ist die Forderung einer exakten Reproduction der Wirklichkeit." Unglaublich! Also, mit anderen Worten: ich habe diese „Forderung" aufgestellt! W o, wo, wo, Herr Carl Erdmann!?! Ich erinnere Sie an Ihre eigene, wunderbare „Analogie aus der Wissenschaft." Hat der Physiker, der dort sein Fallgesetz formulirte, zugleich mit diesem auch die „Forderung" aufgestellt, die Luft aus der Welt zu streichen? Sicher! Sie würden den Schuster, der das behaupten wollte, wieder schleunigst an seinen Leisten zurückschicken. Nun, ich auch, Herr Carl Erdmann, ich auch! Wir können eben nicht alle Organisten sein, es muss auch Bälgetreter geben!

„Ich habe bisher den Inhalt des von Holz formulirten angeblichen Grundgesetzes einer Betrachtung unterzogen."

Jawohl! Das haben Sie, Herr Carl Erdmann, das haben Sie! Und diese „Betrachtung" war auch darnach! Ich erinnere Sie nochmal an den Schuster!

„Ich kann nicht unerwähnt lassen, dass schon an sich das Suchen nach einem „Gesetze der Kunst" prinzipiell verfehlt ist. Warum sucht man nicht nach dem „Gesetze der Wissenschaft?" Wer sagt uns denn, dass es überhaupt ein allgemeingültiges Gesetz giebt, welches jedem Kunstwerke, jeder Kunst und gleichzeitig aller Kunstentwicklung ausnahmslos zu Grunde liegt?"

Wer? Wer uns das sagt? Sie meinen offenbar was, Herr Carl Erdmann! Was uns das sagt! Was ich Ihnen hierauf erwidre? Dass ich Ihnen nochmal und zwar äusserst dringend die Lectüre meines Buches empfehle. Dort steht Ihre Frage längst beantwortet. Und zwar ausserordentlich ausführlich und auf nicht weniger als vierzehn langen Seiten. Sie scheinen sich wirklich das Vergnügen gemacht zu haben, sie zu überschlagen.

„Es ist eine seltsame Ironie, dass Holz, der so überaus unkritisch und unwissenschaftlich in seiner Methode vorgegangen ist, der Begründer einer wissenschaftlichen Aesthetik zu sein glaubt."

Hand aufs Herz, Herr Carl Erdmann! Die „seltsame Ironie", von der Sie sprechen, mit Vergnügen zugegeben. Aber fühlen Sie nicht nachgerade selbst, dass sie vielmehr darin besteht, dass gerade Sie kommen und mir diesen Vorwurf machen müssen? Sie, der dabei so „überaus kritisch" und „wissenschaftlich" in seiner Methode vorgegangen?

„Sein Verfahren hat vielmehr Aehnlichkeit mit dem der selig entschlafenen Naturphilosophie: er suchte das Allgemeine, bevor das Einzelne genügend erkannt war."

Sie scherzen, Herr Carl Erdman! Ein derartiges Verfahren habe ich nie angewandt. Aber, verzeihen Sie! Ich sehe, Sie wollen Ihren Vorwurf noch näher begründen. Bitte schön!

„Wenn heute Vertreter der elementaren Aesthetik allerhand Experimente veranstalten, wenn z. B. Souriau die Pulsschläge einer Reihe von Menschen zählt, wenn er diese Menschen Aussagen über den ihnen am meisten zusagenden Rythmus machen lässt und dann das Gesetz aufstellt: „Jeder Person gefällt der Rythmus ihres eigenen Herzschlags am meisten", so haben wir es hier gewiss nur mit einer ziemlich subalternen Gelehrtenthätigkeit zu thun und die Tragweite des gefundenen Gesetzes ist überaus gering. Was aber gefunden wurde, ist wenigstens wahr und die Methode ist die einer exakten Wissenschaft."

Und was ich gefunden, ist also nicht wahr, Herr Carl Erdmann? Schön! Ich hätte nichts dagegen. Nur frage ich Sie: Weshalb haben Sie mir denn das nicht bewiesen? Mehr verlange ich ja nicht! Weshalb haben Sie es denn immer nur behauptet? Behauptungen sind doch im Leben keine Beweise! Ich muss also schon wirklich recht sehr bitten: nicht so naiv!! Und nun gar erst Ihr Vorwurf, nicht bloss mein Resultat wäre verkehrt, sondern auch bereits meine Methode. Warum? Weil sie nicht die einer exacten Wissenschaft gewesen wäre! Haarsträubend! Wahrhaftig haarsträubend! Als ob es nicht auch Wissenschaften gäbe, die nicht exact sind! Und als ob nicht diese grade ihre eigenen Methoden erforderten! Lassen Sie es sich daher gesagt sein, Herr Carl Erdmann: Hätte ich Ihrem Verlangen entsprochen und wäre es mir eingefallen, die Methoden der Experimentalforschung ohne Weiteres auch auf mein Spezialgebiet der Soziologie zu übertragen, so würde dieses gradezu das Dümmste gewesen sein, dessen ich mich überhaupt hätte schuldig machen können. Ist das deutlich? Ich hoffe.

„Wenn aber Arno Holz, ohne sich um das Einzelne zu kümmern...."

Pardon, Herr Carl Erdmann! Aber, obgleich dieses bereits Ihr letzter Satz ist, kann ich doch nicht umhin, Ihnen wieder ins Wort zu fallen. Sie schreiben: „ohne sich um das Einzelne zu kümmern," wieder eine Unwahrheit, wie sie totaler gar nicht gedacht werden kann. Mein Verdacht, dass Sie mein Buch wirklich nur äusserst oberflächlich gelesen haben können, befestigt sich in mir immer mehr und mehr. Denn Sie hätten sonst nie diese Lächerlichkeit zu Papier bringen können. Sie hätten sich sonst entsinnen müssen, dass es ganz im Gegentheil grade das Einzelne gewesen, um das ich mich gekümmert!.. Dass ich einzig aus ihm geschlossen auf die Gesammtheit und nicht umgekehrt!

„.... gleich das ganze grosse Gebiet der Kunst im Allgemeinen mit einem einzigen Gesetz erschliessen will, so macht das vielleicht seinem Wollen und seiner Phantasie Ehre: Wissenschaft ist es jedenfalls nicht."

Was zu beweisen war, Herr Carl Erdmann, was zu beweisen war!

Darf ich das Resümee ziehn?

Ich war auf Grund meiner Studien, und zwar meiner practischen sowohl wie meiner theoretischen, von Allen, die je über die hier verhandelte Materie nachgedacht haben und geschrieben, als Erster und, wie ich hinzufüge, auch bis heute noch von Niemand darin unterstützt, zu der Ueberzeugung gelangt, dass die Kunst, wie jede grosse Bethätigung der Menschheit, einer bestimmten, deutlich durch die Entwicklung nachspürbaren „Tendenz" unterworfen sei, und dass diese „Tendenz" darin bestünde, „wieder die Natur zu sein." Ich bemerke, der Ausdruck „Tendenz" stammt von John Stuart Mill. Und es ist vielleicht nicht überflüssig, für den Fall, dass man die Absicht haben sollte, ihn um keinen Preis hier verstehn zu wollen, auf Band II, Buch III, Kapitel X, § V der „Logik" zu verweisen. Man kann dort auf fünf klugen Seiten hinreichend über ihn informirt werden. . . Mein Satz also, in seiner ersten, rohesten Form und noch ohne jede Gliederung, lautete: „Die Kunst hat die Tendenz, wieder die Natur zu sein". Ein Satz, wie er revolutionärer auf seinem Gebiete gar nicht gedacht werden konnte. Denn Alles, was sich bis dahin mit diesem Thema beschäftigt hatte, war genau von seinem vollendetsten Gegentheil ausgegangen. Also von dem Satz: „Die Kunst hat die Tendenz, nicht wieder die Natur zu sein." Indessen, so durchaus grundverschieden diese beiden Sätze auch sind, man wird mir zugeben, sie treffen sich haarscharf in einem Punkte. Nämlich in der Ueberzeugung, dass die Kunst in Wirklichkeit thatsächlich nie und unter keinen Umständen mit der Natur zusammenfällt. Ihre ganze Gegensätzlichkeit offenbart sich erst in der Interpretation dieser Thatsache. Der Satz, den ich aufgestellt hatte, behauptet, die Kunst fällt deswegen nie mit der Natur zusammen, weil sie nie mit ihr zusammenfallen kann; der Satz, den die alte Aesthetik vertheidigt, behauptet, sie fällt auch noch deswegen nie mit ihr zusammen, weil sie ausserdem auch gar nicht mit ihr zusammenfallen will. Eine dritte Interpretation dieses Thatsachenverhalts, den als real vorhanden niemand leugnet, aber ist, wie man mir wohl zweifellos abermals zugeben wird, nicht mehr möglich, beide schliessen sich gegenseitig aus, folglich: welche von ihnen ist die richtige? Diese Frage ist eine so wenig müssige, dass, nachdem sie überhaupt erst einmal aufgeworfen, von ihrer Beantwortung gradezu die ganze einschlägige Wissenschaft abhängt. Und um endlich einmal die Diskussion über sie anzuregen, schrieb ich mein Buch, dessen vorläufig zweiter Theil hier mit diesen Blättern vorliegt; denn ich vermuthe, er wird nicht der letzte bleiben.

Meine Absicht, ich wiederhole es, wäre bei den merkwürdigen Zuständen, die heute in litteris bei uns herrschen, nicht erreicht worden, ich hätte mich damit zufrieden geben müssen, dass man mich, anstatt mich zu widerlegen, einstimmig mit Schmutz bewarf, wenn meine Arbeit nicht glücklicher Weise auch in die Hände von Herrn Carl Erdmann gefallen wäre. Er ist der einzige meiner Gegner, der sich bemüht hat, mich nicht wie seine hochzuverehrenden Herren Collegen durch Schweigen todtzuschlagen oder durch Schimpfen, sondern durch Gründe. Und so fadenscheinig, wie man sich erinnern wird, ich diese zu halten auch gezwungen war: ich bin ihm zu Dank verpflichtet! Und so vermag ich denn auch nicht, diese Blätter hier zn schliessen, ohne ihm diesen ebenso offen wie ehrlich auszusprechen. Möge er mir meine eventuellen kleinen Heftigkeiten hie und da freundlichst nachsehn. Sie waren nie persönlich gemeint. Sondern immer nur sachlich. Nur eben, wie ich schon ein Mal sagte: Kein Mensch kann über seine Nasenspitze weg! Und — leider Gottes — aber ich erfreue mich auch einer solchen!

Ich schliesse, indem ich meinen Satz, den

ich nicht für widerlegt halte, noch ein Mal aufstelle: „Die Kunst hat die Tendenz, wieder die Natur zu sein; sie wird sie nach Maassgabe ihrer jedweiligen Reproductionsbedingungen und deren Handhabung." Ich gebe mit Vergnügen seine Form preis, aber nie seinen Inhalt!

Berlin, Herbst 1891.